Margret Howth

Eine Geschichte von heute

Rebecca Harding Davis

Writat

Diese Ausgabe erschien im Jahr 2024

ISBN: 9789359944814

Herausgegeben von
Writat
E-Mail: info@writat.com

Inhalt

KAPITEL I. ....- 1 -

KAPITEL II. ....- 24 -

KAPITEL III. ....- 31 -

KAPITEL IV. ....- 43 -

KAPITEL V. ....- 55 -

KAPITEL VI. ....- 74 -

Kapitel VII. ....- 88 -

KAPITEL VIII. ....- 96 -

KAPITEL IX. ....- 106 -

KAPITEL X. ....- 118 -

KAPITEL XI. ....- 136 -

KAPITEL I.

Lassen Sie mich Ihnen eine Geschichte von heute erzählen – sehr heimlich und eng in ihrem Umfang und Ziel. Nicht vom Heute, dessen Bedeutung in der Geschichte der Menschheit nur diejenigen lesen werden, die leben werden, wenn Sie und ich tot sind. Wir können den Schmerz schweigend ertragen, wenn unsere Herzen stark genug sind, während die Nationen der Erde in der Ferne stehen. Ich habe von diesem heutigen Tag kein Wort zu sagen. Ich schreibe am Rande des Schlachtfelds und finde darin kein Thema für oberflächliche Argumente oder fadenscheinige Reime. Der Schatten des Todes ist auf uns gefallen; es lässt den Himmel erkalten. Kein Kind lacht mir ins Gesicht, wenn ich die Straße entlanggehe. Die Menschen haben vergessen zu hoffen, vergessen zu beten; nur in der Bitterkeit des Erduldens sagen sie: „Morgens: ‚Wäre Gott, es wäre gerecht!‘" und am Abend: ‚Will Gott, es wäre Morgen!‘" Weder ich noch du haben die Vision des Propheten, das Zeitalter so zu sehen, wie seine Bedeutung vor Gott geschrieben steht. Diejenigen, die leben werden, wenn wir tot sind, können ihren Kindern vielleicht erzählen, wie aus Angst und Dunkelheit, wie sie die Welt selten ertragen hat, der dauerhafte Morgen der wahren Welt und des wahren Menschen entstand. Es ist uns nicht klar. Hände, die vom Blut eines Bruders für die Rechte benetzt sind, eine Sklaverei der Intoleranz, das abgedroschene Geschwätz der Männer oder die Blutdurst der Frauen, sind für uns keine Prophezeiung über das große Morgen der Zufriedenheit und des Rechts, das die Welt beherrscht. Doch das Morgen ist da; Wenn Gott lebt, ist er da. Die Stimme des sanftmütigen Nazareners, die wir als unpassend und ungeeignet abgetan haben, die Losung der Stunde zu lehren, erneuert die stille Verheißung ihres Kommens in einfachen, bescheidenen Dingen. Lasst uns hinuntergehen und danach suchen. Es besteht keine Notwendigkeit, dass wir uns schwach über unsere selbst eingeschätzten Rechte rühmen und uns über sie ärgern, was auch immer sie sein mögen, und dabei vergessen, was für zerbrochene Schatten ewiger Wahrheiten sie sind, in der Ruhe, in der Er sitzt und uns mit seiner ruhigen Hand kontrolliert.

Patriotismus und Ritterlichkeit sind Mächte in den ruhigen, unbegrenzten Leben, die noch kommen, und ich weiß, auch hier; aber es gibt weniger Teilwahrheiten, höhere Hierarchien, die dem Gottmenschen dienen, die nicht mit Bajonetten und Siegen zu uns sprechen – Barmherzigkeit und Liebe. Lasst uns sie nicht ganz vernachlässigen, auch wenn sie unbeliebte Engel sind. Im Moment sind ihre Stimmen sehr bescheiden, aber noch nicht ganz tot, denke ich. Der sehr schwache Schein des Feuers auf dem Herd verrät mir etwas von der bevorstehenden Belohnung im Jenseits: Weihnachtstage und herzliche Wärme; In diesen kahlen Hügeln, die von bewaffneten Männern niedergetrampelt wurden, ist der gelbe Ton lebendig und voller pulsierender Fasern , Hinweise auf das große Herz des Lebens und der Liebe, das in ihm pocht; Schräges Sonnenlicht würde mir in diesen düsteren Rauchwolken aus dem Lager die Mauern aus Amethyst und Jaspis zeigen, die äußeren Wälle des Gelobten Landes. Nennen Sie uns also nicht Verräter, die wir es vorziehen, im Fieber der Stunde kühl und still zu bleiben, – die wir es vorziehen, in gewöhnlichen Dingen nach Vorzeichen für die kommende hoffnungsvolle, hilfreiche Ruhe zu suchen und sogar in diesen armen Zuckererbsen zu finden, ihre Ranken durch den braunen Schimmel stoßen ; eine tiefere, gesündere Lektion für Auge und Seele als widersprüchliche Wahrheiten. Nennen Sie mich nicht einen Verräter, wenn ich es auch nur wage anzudeuten, dass es außer dem Patrioten noch andere Charaktere gibt, in denen ein Mann in der großen Maskerade glaubwürdig auftreten und nicht erröten kann, wenn sie vorbei ist; oder wenn ich Ihnen eine Geschichte von heute erzähle, in der es keinen blutigen Glanz geben wird, sondern nur die heimeligeren, subtileren Lichter, die wir übersehen haben. Wenn es Ihnen beweist , dass die Sonne der alten Zeiten immer noch scheint und der Gott der alten Zeiten noch lebt, ist das nicht genug?

Meine Geschichte ist, wie gesagt, sehr grob und oberflächlich – nur eine grobe Skizze von ein oder zwei dieser Leute, die man jeden Tag sieht und die man manchmal „Abschaum" nennt – ein langweiliges, schlichtes Stück Prosa wie Sie Sie könnten sich eines dieser Lagerhäuser oder Seitenstraßen selbst aussuchen. Ich erwarte, dass Sie es abgestanden und plebejisch nennen, denn ich kenne die Einblicke in das Leben, die Sie am liebsten finden; Idyllen zart getönt; leidenschaftliche Herzen, freigelegt für neugierige Blicke; prophetische Äußerungen, konkret und klar; oder ein pathetisches oder lustiges Wort von den alten Freunden, die sich in jedermanns Zuhause vereinnahmt haben. Sie möchten tatsächlich etwas, das Sie aus diesem überfüllten, tabakbefleckten Alltag heraushebt, etwas in Ihnen entzündet, scheuert und glüht. Ich möchte, dass Sie in dieses alltägliche, vulgäre amerikanische Leben eintauchen und sehen, was darin steckt. Manchmal denke ich, dass es eine neue und schreckliche Bedeutung hat, die wir nicht sehen.

Ihre Ohren sind jetzt am offensten für die Kriegstrompete. Ha! das ist geistreich ! – das erweckt das alte Revolutionsblut! Ihre männlichere Natur war unter der Plackerei und dem dürftigen täglichen Bedarf an Brot und Butter erstickt worden. Ich möchte, dass Sie sich auf diese alltägliche Plackerei einlassen und darüber nachdenken, ob darin nicht auch ein großer Krieg stecken könnte. Kein Leibeigenschaftskrieg; nicht ganz unedel, auch wenn es den Anschein erweckt, dass selbst sein einziger Zweck die tägliche Nahrung ist. Ein großer Krieg, denke ich, mit einer Geschichte, die so alt ist wie die Welt, und nicht ohne Pathos. Es hat seinen Tod. Männer und Frauen mit schmalen Kiefern, verkrüppelt durch den langsamen, stillen Kampf, sind in deinen Gassen, sitzen neben dir an deinem Tisch; seine Märtyrer schlafen unter jedem grünen Hügel.

Du musst darin kämpfen; Mit Geld erkaufst du dir keine Entlassung aus diesem Krieg. Glauben Sie mir, darin ist Platz für Heldentum, für ritterliche Ehre , für reineren Triumph als derjenige, der als Erster in die Bresche fällt , ob Ihr Posten nun auf der Richterbank oder über einer Waschzuber liegt . Dein Feind, das Selbst, begleitet dich von der Wiege bis zum Sarg; Es ist ein Nahkampf auf traurige und langsame Weise, der in Einsamkeit ausgefochten wird – ein Kampf, der mit dem ersten Herzschlag begann und dessen Sieg erst dann eintreten wird, wenn die Tropfen herausquellen und ein plötzliches Ende in den Adern einsetzt ,- ein Sieg, wenn du ihn erringen kannst, der dich nicht ein kleines Stück weiter an die Küste des weiteren, stärkeren Bereichs des Seins treiben wird, jenseits des Todes.

Lassen Sie mich grob ein oder zwei Leben skizzieren, die ich kannte, und wie sie siegten oder im Kampf besiegt wurden. Sehr gewöhnliche Leben, das weiß ich, wie sie dort auf dem Marktplatz wimmeln; doch ich wage es, sie Stimmen Gottes zu nennen – alle!

Der Grund dafür, dass ich diese Geschichte für Sie erzähle, ist ganz einfach.

Ein altes Buch, das ich heute zufällig fand, erinnerte daran. Es handelte sich um ein eisengebundenes Hauptbuch, auf dessen Außenseite der Name der Firma stand: Knowles & Co. Sie haben vielleicht schon von der Firma gehört: Es handelte sich um große Wollhersteller , die mehrere Jahre lang den heimischen Markt in Indiana belieferten. Dieses Hauptbuch wurde, wie Sie an der Schrift erkennen, von einer Frau geführt. Das ist in westlichen Handelsstädten nicht ungewöhnlich, insbesondere in Fabriken, in denen hauptsächlich Frauen arbeiten. In solchen Betrieben können sie jeden Posten erfolgreich besetzen, aber den des Aufsehers: Dafür sind sie zu hart mit den Händen.

Die Schrift hier ist merkwürdig: prägnant, quadratisch, nicht fließend, – sehr gut lesbar, aber genau auf ihren Zweck abgestimmt. Leute, die vorgeben, Charaktere in der Chirographie zu lesen, würden aus diesen engen, ruhigen Zeilen nur wenig entziffern. Wahrscheinlich nur dies: dass die Frau, wer auch immer sie war, nicht die übliche Vorliebe ihres Geschlechts hatte, ihre Seele in ihren Schriften, ihrem Kleid, ihrem Gesicht zu dramatisieren – sie hielt sie stattdessen verschlossen, intakt; dass ihre Worte und ihr Aussehen, ebenso wie ihre Schriften, höchstwahrscheinlich einfach waren, bloße Absorptionsmittel, mit denen sie das anzog, was sie von der Außenwelt brauchte, und keine zur Schau stellenden Hilfsmittel, um sich selbst oder die darin liegende Tragödie oder Komödie vor unvorsichtigen Passanten zu präsentieren -von. Auf der ersten Seite ist das Datum in roten Buchstaben, der 2. Oktober 1860, groß und deutlich geschrieben. Ich bin sicher, die Hand der Frau zitterte ein wenig, als sie den Stift ergriff; aber es gibt hier keine Anzeichen davon; denn es war ein neues, verzweifeltes Abenteuer für sie, und sie war jung und hatte kein Vertrauen in sich selbst. Sie sah überhaupt nicht verzweifelt aus – ein ruhiges, dunkles Mädchen, grob gekleidet in Braun.

In dem Büro, in dem sie saß, gab es nicht viel Licht; denn die Fabrik befand sich in einer der nahe gelegenen Straßen der Stadt, und das Büro, das sie ihr gaben, war nur ein kleiner quadratischer Schrank im siebten Stock. Es hatte nur ein Fenster, das auf einen Hinterhof voller Färbebottiche blickte. Das Sonnenlicht, das schräg durch die staubigen Scheiben und Spinnweben des Fensters eindrang, hatte einen schläfrigen Kupferduft in sich. Du hast es gerochen, als du gerührt hast. Der Manager, Pike, der sie großgezogen hatte, hatte ihr die Tagesbücher und dieses Hauptbuch aufgeschlagen auf den Schreibtisch gelegt. Sobald er weg war, schloss sie die Tür und lauschte, bis seine schweren Stiefel knarrend die wackelige Leiter hinuntergepoltert waren, die zu den Rahmenräumen führte. Dann kletterte sie auf den hohen Bürohocker (ich sagte, sie sei ein kleines, geschmeidiges Ding) und machte sich an die Arbeit, schlug die Bücher auf und schrieb so gleichmäßig und eintönig von einem zum anderen, als ob sie es getan hätte war ihr Leben lang daran gewöhnt. Hier sind die ersten Seiten: Sehen Sie, wie scharf die Winkel der blauen und schwarzen Linien sind, wie gleichmäßig die langen Spalten: Man würde nicht glauben, dass der Stahlstift, während er sie nachzeichnete, ihr Leben schmal zu zeichnen schien und Schwarz. Wenn das Mädchen solch eine krankhafte Fantasie im Kopf hatte, gab es keine Träne, die das verraten hätte. Die schmutzigen, harten Zahlen kamen ihr wie Vorbilder der kommenden Jahre vor, aber sie schrieb sie unerschütterlich nieder: Vielleicht hatte das Leben nichts Besseres für sie, also war es ihr egal. Sie war bald fertig: Am ersten Tag hatte man ihr nur ein oder zwei Stunden Arbeit gegeben. Sie klappte die Bücher zu, wischte die Stifte auf altmodische, mechanische Weise ab, ging dann hinunter und untersuchte ihr neues Zuhause.

Es wurde bald verstanden. Da waren die Wände mit ihrem zerbrochenen Putz, auf dem die Latten darunter zu sehen waren, und hier und da darüber waren Skizzen mit verbrannter Kohle, die zeigten, dass ihr Vorgänger auf seine Weise ein Künstler gewesen war – sein Name, P. Teagarden, prangte darauf Decke mit dem Rauch einer Kerze; Haufen von Gärnsträngen in den staubigen Ecken; ein halb gebrauchter Besen; andere Garnhaufen auf dem alten, umfallenden Schreibtisch, bedeckt mit Staub; eine

Rosinenschachtel mit P. Teagarden auf dem Deckel als Basrelief, halb voll mit Zigarrenstummeln, einem Kartenspiel und einem faulen Apfel. Das war alles, außer einem unmerklichen Gefühl von Staub und Abnutzung, das das Ganze durchdrang. Und da ist noch etwas Seltsames: ein Drahtkäfig, der an der Wand hängt, und darin ein jämmerlich pickendes Huhn, das es traurig und mit misstrauischen Augen anstarrt, und dann auf das schimmelige Stück Brot auf dem Boden seines Käfigs hinabblickt. – dort zurückgelassen, nehme ich an, von dem verstorbenen Teagarden. Das war alles, drinnen. Sie schaute aus dem Fenster. Darin befanden sich, wie in einem quadratischen schwarzen Rahmen eingefasst, die tote Ziegelmauer und das gegenüberliegende Dach, auf dem eine Katze saß. Als wir näher kamen, erschienen zwei bis drei Fuß Himmel. Es sah aus, als würde es nach Copperas riechen, und sie zog sich plötzlich zurück.

Sie setzte sich und wartete, bis es Zeit war zu gehen; nahm ruhig das trübe Bild in ihre langsamen, nichts offenbarenden Augen auf; eine träge, abgedroschene Müdigkeit kroch in ihr Gehirn; ein seltsames Gefühl, dass ihr ganzes Leben zuvor ein alberner Traum gewesen war und dass dieser Staub, diese Schreibtische und Bücher real waren – alles, was real war. Es war ihr Geburtstag; sie war zwanzig. Als sie sich daran erinnerte, schwebte eine andere, seltsam lebensähnliche Fantasie vor ihr: von dem alten Sitz, den sie zu Hause unter den Johannisbeersträuchern gebaut hatte, als sie ein Kind war, und von den Plänen, die sie für sich selbst schmiedete, wann sie es sein sollte eine Frau, die dort saß – wie sie mitten in der Welt graben und das Königreich der Greifen finden würde oder wie sie Mercy und Christiana auf ihrer Pilgerreise verfolgen würde. Es ist erst eine Weile her, seit diese Dinge für sie lebendiger waren als alles andere auf der Welt. Der Sitz befand sich noch immer unter den Johannisbeersträuchern. Vor sehr kurzer Zeit; aber sie war jetzt eine Frau – und seht hier! Ein zufälliger Sonnenstrahl fiel schräg hinein, fiel kaum auf den Staub und die heißen Wollhaufen und erweckte einen stärkeren Geruch nach Copperas; Das Huhn sah es und fing an, eine schwache, düstere Freude zu zwitschern, die trauriger war als Tränen. Sie ging zum Käfig und steckte ihren Finger hinein, damit er darauf picken konnte. Wenn sie dort stand und das leere Leben, das im grellen Sonnenlicht vor ihr auftauchte, aufstieg , blickte sie es mit denselben stillen, wartenden Augen an, die nichts sagten.

Endlich öffnete sich die Tür und ein Mann kam herein: Dr. Knowles, der Hauptbesitzer der Fabrik. Er nickte ihr kurz zu, ging zum Schreibtisch, drehte die Bücher um und beäugte misstrauisch ihre Arbeit. Ein alter Mann, überwachsen, der wie eine riesige, unförmige Fleischmasse aussah, als er aufrecht dastand und ihr gegenüberstand.

„Du kannst jetzt gehen“, sagte er schroff. „Morgen müssen Sie warten, bis die Glocke läutet, und dann gehen – mit dem Rest der Hände.“

Ein neugieriges Lächeln huschte wie ein Schatten über ihr Gesicht; aber sie sagte nichts. Er wartete einen Moment.

"Also!" Er knurrte: „Das Howth-Blut errötet nicht, um in den Schleim der Gosse zu gelangen? Genügt es sich selbst?"

Eine kühle, aufmerksame Bewegung – das war alles. Dann bückte sie sich, um ihre Sandalen zuzubinden. Der alte Mann beobachtete sie genervt. Seit sie ein Baby war, war sie an den scharfen Blick seiner Augen gewöhnt und wirkte daher stets cool. Das Gesicht, das sie beobachtete, war eines, das die meisten Männer abstößt: dominant, ruhelos, in roten Wellen der Leidenschaft errötend, ein kleines, intolerantes Auge, halb verborgen in gelben Fettfalten – das Auge eines Mannes, der seinem Herrn (ob …) etwas geben würde Gott oder Satan) den letzten Tropfen seines eigenen Blutes, und genau das Gleiche gilt auch für andere Menschen.

Sie hatte ihre Haube gebunden und ihren Schal befestigt und stand bereit zum Aufbruch.

„Ist das alles was du willst?" er forderte an. „Warten Sie darauf zu hören, dass Ihre Arbeit gut gemacht ist? Frauen gehen durchs Leben , während Babys laufen lernen – bei jedem Schritt ein Schluck Brei, nur nehmen sie ihn als Lob oder Liebe auf. Pap ist besser. Was willst du? Lob , das glaube ich."

„Weder noch", sagte sie und strich leise über ihren Schal. „Die Arbeit ist gut gemacht, das weiß ich."

Das Auge des alten Mannes glitzerte einen Moment lang zufrieden; dann wandte er sich den Büchern zu. Er dachte, sie sei gegangen, drehte sich jedoch um, als er ein leises Klicken hörte. Sie holte das Huhn aus dem Käfig.

„Lass es in Ruhe!" er brach scharf aus. „Wohin gehst du damit?"

„Zuhause", sagte sie mit einem seltsamen, fragenden Gesichtsausdruck. „Lassen Sie es die grünen Felder riechen, Doktor. Ledgers und Copperas sind weder für die Seele noch für den Körper eines Huhns eine gute Nahrung."

„Lass es in Ruhe!" er knurrte. „Du hältst es für eine Art von dir selbst, was? Es hat eine andere Arbeit zu tun, als dick zu werden und auf dem Bauernhof zu schlafen."

Sie öffnete den Käfig.

„Ich denke, ich werde es nehmen."

„Nein", sagte er leise. „Es hat hier einen Meister. Nicht P. Teagarden. Warum," Margret schob seinen dicken Finger zwischen die Blechstangen,

„glaubst du, der Gott, an den du glaubst, hätte es hierher geschickt, ohne etwas zu tun?"

Sie schaute hoch; In seinem schlaffen Gesicht war ein merkwürdiges Zittern , in seiner rauen Stimme lag ein Schatten.

„Wenn es hier stirbt, ist sein Leben nicht verloren gegangen. Nichts ist verloren. Lass es in Ruhe."

"Nicht verloren?" sagte sie langsam und befestigte den Käfig wieder. „Nur ich denke"———

"Welches Kind?"

Sie warf ihm einen verstohlenen Blick zu.

„Es ist eine harte, kratzende Welt, in der so etwas Arbeit zu erledigen hat!"

Er gewährte keine Antwort. Sie wartete darauf, wie sich seine Lippen bitter kräuselten, und ging dann amüsiert die Treppe hinunter. Sie hatte ihn für sein höhnisches Grinsen bezahlt.

Die Stufen waren nur eine lange, in die Wand eingelassene Leiter, nicht die große Treppe, die von den Arbeitern benutzt wurde: Sie befand sich auf der anderen Seite der Fabrik. Es war ein riesiges, unhandliches Gebäude, wie man es in den Vororten von Handelsstädten findet. Dieser verlief um die vier Seiten eines Quadrats, mit dem Hof für die Bottiche in der Mitte. Die Leitern und Gänge, die sie hinunterging, befanden sich im Inneren, schmal und schwach beleuchtet: Manchmal musste sie sich den Weg bahnen. Die Böden bebten ständig unter dem unaufhörlichen Aufprall der großen Webstühle, die jedes Stockwerk füllten, wie ein schwerer, monotoner Donner. Es machte sie taub und ihr wurde schwindelig, als sie langsam zu Boden ging. Es war kein kurzer Fußweg, um die untere Halle zu erreichen, aber schließlich war sie unten. Von hier aus führten Türen zu den Lagerräumen im Erdgeschoss. Als sie hineinschaute, sah sie riesige, schmuddelige Nischen voller Kisten, die bis zur dunklen Decke gestapelt waren. Es gab eine Menge Träger und Fuhrmänner, die mit ihren Peitschen knallten und auf den Lastwagen neben der Tür saßen, auf Ladungen warteten, über Politik redeten und rauchten. Der Geruch von Tabak, Copperas und brennendem Scheitholz war hier schwer bis feucht. Sie blieb unsicher stehen. Einer der Träger, ein kleiner, kränklicher Mann, der abseits von den anderen stand, öffnete ihr mit seinem Stab eine Tür. Margret hatte ein schnelles Gedächtnis für Gesichter; Als sie vorbeiging, glaubte sie , dieses Gesicht schon einmal gesehen zu haben: ein dunkles Gesicht, mürrisch, mit schweren Lippen, die Haare nach Sträflingsart geschnitten, dicht am Kopf. Sie dachte auch, einer der Männer murmelte „Knastvogel" und verspottete ihn für seine Offenheit. „Ladung für Clinton! Western Railroad!" ertönte eine scharfe Stimme hinter ihr, und als sie auf die Straße ging, raste ein Zug Autos in die Halle, um beladen zu werden, und aus jeder Ecke strömten Männer – rotgesichtig und blass, von Whisky aufgedunsen und schwer – mit Gehirnen, Iren, Holländern, Schwarzen, mit irgendwo halb schlafenden Seelen und dem Schicksal einer Nation in ihren Händen – Hände, wie sie selbst, die die langsame, schwere Arbeit erledigen, denn, wie Pike, der Manager, Ihnen gesagt hätte: „ drei Dollar pro Woche – gute Löhne in diesen schwierigen Zeiten." Für nichts mehr? Irgendeine andere Bedeutung mag aus ihren Gesichtern in die subtile Intuition dieses Mädchens in diesem Augenblick gefallen sein , – fröhlichere, entferntere Ziele, verborgen im sinnlichsten Gesicht, – heimeligste Heimszenen, niedrige Ambitionen, ein bevorstehender Freudenwahnsinn, – Whisky, wenn nichts Besseres: Lebensziele wie Ihres, die in ihrem Ausmaß unterschiedlich sind. Ich musste sie nur gleich machen – hast du was gesagt?

Sie hatte jetzt die Straße erreicht – eine Seitenstraße, eher eine krumme Art Gasse, die zwischen endlosen Stapeln von Lagerhäusern verlief. Sie eilte dorthin, um die Vororte zu erreichen, denn sie lebte draußen auf dem Land. Es war ein langer, ermüdender Spaziergang durch die Außenbezirke der Stadt, wo sich die Wohnhäuser befanden – lange Reihen zweistöckiger Ziegelsteine, die mit Rußflecken übersät waren. Es war zwei Jahre her, seit sie in der Stadt war. Als sie sich daran erinnerte und an den Grund, warum sie es gemieden hatte, beschleunigte sie ihren Schritt und ihr Gesicht wurde ruhiger als zuvor. Man hätte sie sich wie eine Sklavin vorstellen können, die eine Maske aufsetzt und Angst davor hat, ihrem Herrn zu begegnen. Die Stadt, die ihr unbekannt war, traf sie neu. Sie konnte den Gesichtsausdruck besser erkennen. Es war eine große Handelsstadt, kompakt gebaut und von Hügeln umgeben. Es sah besorgt und gehetzt aus, wie ein Spekulant, der ein gutes Geschäft abschließt; selbst in den Wohnhäusern roch es nach Handel, in den unteren Stockwerken gab es Geschäfte; am Stadtrand, wo es in anderen Städten Hütten gibt, gab es hier Mühlen; Die Bäume, die irgendein verblendeter Träumer auf die flachen Gehwege gepflanzt hatte, waren alle zu schroffen Pappeln aus der Lombardei herangewachsen, wohlwissend, dass ihre beste Strategie darin bestand, ihnen aus dem Weg zu gehen; die Jungen, die unter ihnen Murmeln spielten, spielten scharf „für immer"; Die knochigen alten Karrenpferde, die durch die staubige Menge stapften, hatten nachdenkliche Augen, die nachts ihren Hafer abmaßen, mit einem „Du betrügst mich nicht"-Blick. Sogar die Kirchen hatten nicht die ernste Ruhe des alten braunen Hauses dort drüben in den Hügeln, wo sich jeden Sonntag die wenigen Feldleute – Arianer, Calvinisten, Kirchenmänner – versammelten und Luft, Sonnenschein und Gottes Barmherzigkeit den Tag heilig machten. Diese Kirchen hoben unverschämt ihre harten Steingesichter und trugen ihre jährlichen Almosen in die Morgentagebücher ein. Allerdings waren die Rücksitze für die Armen frei; Aber das geschmückte Purpur der Fenster, die Schnitzereien der Bögen und die reine Reinheit des Stils des Predigers sagten deutlich, dass es für ein Kamel leichter war, durch ein Nadelöhr zu gehen, als für einen Mann in einem roten Wamus, das zu betreten Himmelreich durch dieses Tor.

Die Natur selbst hatte der Stadt den Rücken gekehrt: Der Fluss wandte sich ab, und nur ein halber Fluss kroch widerstrebend vorbei; Die Hügel waren nur kahle Ufer aus gelbem Lehm. Durch diese führte eine Schlackenstraße. Margret kletterte langsam hinauf. Die niedrigen Hügel der Stadt waren, wie gesagt, kahl und an ihren Füßen mit schmutzigen Stoppelfeldern bedeckt. An den Straßenrändern klafften die schwarzen Mündungen der Kohlengruben, die sich unter den Hügeln, unter der Stadt, eingegraben hatten. Handel überall, auf der Erde und darunter. Kein Wunder, dass das Mädchen es als eine harte, kratzende Welt bezeichnete. Doch als sich die Straße durch diese Hügel schlich, schüttelte sie sich plötzlich von der Asche ab und verwandelte sich in den braunen Schimmel der Wiesen – kehrte dem Handel und der rauchigen Stadt den Rücken und ließ sie verächtlich schnell außer Sicht, ohne zurückzublicken einmal. Das war das Land jetzt im Ernst.

Margret verlangsamte ihren Schritt und atmete lange die frische, kalte Luft ein. Weit hinter ihr kam keuchend und schnaufend eine schwarze, stämmige Gestalt, Dr. Knowles. Sie hatte ihn die ganze Zeit hinter sich gesehen, aber sie sagten nichts. Zwischen den beiden herrschte jene abstoßende Ähnlichkeit, die sie zu engen Verwandten machte – sogar noch näher, wenn sie schwiegen. Kennen Sie solche Leute? Wenn man mit ihnen spricht, prallen die kleinen scharfen Punkte aufeinander. Dennoch sind es die wenigen, von denen Sie sicher wissen, dass Sie sie im Leben nach dem Tod treffen werden, ob „gerettet" oder nicht. Der Doktor kam langsam die ruhige Landstraße entlang und beobachtete die Gestalt der Frau, die ebenso langsam vor ihm vorbeizog. Er hatte ein merkwürdiges Interesse an dem Mädchen – einen geheimen Grund für dieses Interesse, den er bisher geheim hielt. Aus diesem Grund versuchte er sich vorzustellen, wie ihr neues Leben erscheinen würde. Es sollte schwer genug sein, ihre Arbeit – darin war er fest entschlossen; Ihre Kraft und Ausdauer müssen aufs Äußerste geprüft werden. Er muss wissen, was in der Waffe enthalten ist, bevor er sie benutzt. Er hatte das langsame, kalte Ding jahrelang gelesen und war noch nicht in sein Geheimnis eingedrungen. Aber da war Macht, und es war die Macht, die er wollte. Ihre Geschichte war recht einfach: Sie ging in die Mühle, um einen hilflosen Vater und eine hilflose Mutter zu unterstützen; es war eine alltägliche Geschichte; sie hatte viel für sie aufgegeben ; andere Frauen taten dasselbe. Er lobte sie spärlich. Vor zwei Jahren (er hatte scharfe, wachsame Augen, dieser Mann) hatte er sich vorgestellt, dass das einfache Mädchen, wie die meisten Frauen, einen Traum von Liebe und Ehe hatte: Sie hatte ihn, dachte er, für immer beiseite gelegt; es war ein zu teurer Luxus; Sie musste den lebenslangen Kampf um Brot und Butter beginnen. Ihr Traum war vielleicht real und rein gewesen; denn sie akzeptierte keine Scheinliebe an ihrer Stelle: Wenn sie einen leeren Hunger in ihrem Herzen zurückgelassen hatte, hatte sie nicht versucht, ihn zu stillen. Nun gut, es war die alte Geschichte. Dennoch kümmerte er sich freundlich um sie, als er darüber nachdachte; Manche Menschen blicken traurig auf Kinder und kehren in ihre eigene Kindheit zurück. Für einen Moment gab er halb in seinem Vorhaben nach, weil er dachte, ihre Lebensarbeit sei vielleicht schon schwer genug. Aber nein: Diese Frau war von Gott für höhere Zwecke als Tochter, Ehefrau oder Mutter geplant und behalten worden. Es war seine Aufgabe, ihre Arbeit in ihre Hände zu legen.

Die Straße schlängelte sich jetzt schläfrig zwischen hohen Grasbänken hindurch durch die Hügel. Eine verschlafene, ruhige Straße. Von dem ruhelosen Staub der Stadt hatte man dort draußen noch nie gehört. Es wanderte träge durch die Maisfelder, hinunter am Fluss, bis in die Tiefen des Waldes, während die tief stehende Oktobersonne den ganzen Weg warm über das Gras fiel und die Grasbänke und Maisfelder mit rostroten Flecken berührte Gold. Niemand auf einer solchen Straße könnte es eilig haben. Die Stille war so tief, die freie Luft, die schweren Bäume, der Sonnenschein, alles so voll und sicher und fest, dass man sicher sein konnte, sie in hundert Jahren noch genauso vorzufinden. Niemand hatte es jemals eilig. Die braunen Bienen kamen dort vorbei, als ihre Arbeit beendet war, und summten in üppiger Benommenheit vor Freude in die großen purpurnen Disteln am Straßenrand. Die Kühe schlenderten durch das Kleeblatt an den Zäunen, bis sie sich schließlich darin niederlegten und schliefen. Die Landleute, die zur Mühle joggten, gingen mit ihren dicken alten Nörglern so langsam durch die Stille und Wärme, dass sogar Margret sie weit hinter sich ließ. Als die Straße tiefer in die Hügel hineinführte, wurde die Stille noch durchdringender und sicherer – so sicher in diesen großartigen alten Bergen, dass man sie ewig nannte, und als man zu den Gipfeln hinaufblickte, die im klaren Blau standen, wurde man sich einer Welt immer sicherer darüber hinaus, wo es weder Veränderung noch Tod gibt.

Es wurde spät; die Abendluft regungsloser und kühler ; Das rostrote Gold des Sonnenscheins sprenkelte jetzt nur noch die Hügelkuppen; In den Tälern herrschte ein dunkleres Braun, das mit jedem Augenblick dunkler wurde. Margret wandte sich von der Straße ab und ging die Felder hinunter. Man wunderte sich nicht, als man die Stille dieser Hügel und weiten Wiesen spürte, dass diese Frau, die aus ihrer Mitte herabstieg, seltsam still sein sollte, mit dunklen, fragenden Augen, stumm gegenüber ihren eigenen Geheimnissen.

Als man ihr jetzt ins Gesicht blickte, konnte man sich einer Sache sicher sein: dass sie die Stadt, die Fabrik, den weit entfernten Staub verlassen und den Gedanken daran aus ihrem Gehirn geschüttelt hatte. Keine Meilen könnten die Entfernung zwischen ihrem Zuhause und ihnen messen. An einem Zauntritt auf der anderen Seite des Feldes saß ein alter Mann und wartete. Sie beeilte sich jetzt, ihre Wangen färbten sich . Dr. Knowles konnte sehen, wie sie zum Haus dahinter gingen und ernsthaft redeten. Er setzte sich in der dunkler werdenden Dämmerung auf den Zauntritt und wartete eine halbe Stunde. Er wollte die Geschichte von Margrets erstem Tag in der Mühle nicht hören, da er wusste, wie sich ihr Vater und ihre Mutter darunter winden und es mildern würden, wie sie es wollte. Es bedeutete ihr nichts, das wusste er. Also wartete er. Nach einer Weile hörte er das Lachen des alten Mannes, wie das eines erfreuten Kindes, und dann ging er hinein und nahm ihren Platz neben ihm ein. Sie ging hinaus, kam aber bald zurück, jedes Staubkorn verschwunden, in ihrem klaren, perlgrauen Kleid. Der neutrale Farbton stand ihr gut. Als sie am Fenster stand und ihnen ernst zuhörte, traten das heimelige Gesicht und die wartende Gestalt in völlige Erleichterung. Die Natur hatte die Frau mit einer ungewöhnlichen Aufrichtigkeit geschaffen. Es gab keine reflektierten Lichter um sie herum; kein Glanz auf ihrer Haut, kein Glitzern in ihren Augen, kein Lack auf ihrer Seele. Einfach und dunkel und rein war sie da, damit Gott und ihr Meister sie erobern und verstehen konnten. Ihr Fleisch war kalt und farblos , es gab keine oberflächlichen Färbungen, es erwärmte sich manchmal langsam von innen heraus; ihre Stimme, ruhig, – aus ihrem Herzen; Ihr Haar, die einzige Schönheit der Frau, war glanzlos braun und lag in ungeschliffenen Falten dunkler Schatten. Ich habe solche Haare einmal gesehen, nur einmal. Es war aus dem Kopf eines Mannes geschnitten worden, der bewusstlos und einfach wie ein Kind das Gesetz seiner Natur auslebte und die Welt herausforderte – Bysshe Shelley.

Während der Doktor mit ihrem Vater sprach, beobachtete er das Mädchen verstohlen und erfasste jeden Punkt, so wie man eine Damastklinge kritisch beäugt, die er in die Schlacht tragen wollte. In seinem Blick lag weder Liebe noch Verachtung , sondern nur die feste Absicht, sie eines Tages auszunutzen . Währenddessen redete er und warf ihr hin und wieder einen Blick zu, als ob das Thema, über das sie sprachen, indirekt mit seinem Plan für sie zusammenhängt. Wenn ja, war sie sich dessen nicht bewusst. Sie saß auf der Holzstufe der Veranda und blickte auf die melancholische Weite der Wiesen und Hügelketten, die in der trüben Dämmerung kühl und dämmerte, und hörte nicht, was sie sagten, bis die schärferen, ernsten Töne sie weckten.

„Du wirst scheitern, Knowles.“

Es war ihr Vater, der sprach.

„Nichts kann einen solchen Plan vor dem Scheitern bewahren. Weder die französischen noch die deutschen Sozialisten haben versucht, ihre Systeme auf die unterste Klasse zu stützen, wie Sie es planen."

„Ich weiß", sagte Knowles. „Das erklärt ihren Teilerfolg."

„Lassen Sie mich Ihren Plan praktisch verstehen", forderte ihr Vater eifrig.

Sie glaubte, Knowles sei der Frage ausgewichen und wollte das Thema verlassen. Vielleicht betrachtete er den armen alten Schulmeister nicht als einen praktischen Richter praktischer Angelegenheiten. Sein ganzes Leben lang hatte er ihn als sparsam und unbereit bezeichnet.

„Das wird nie funktionieren, Knowles", fuhr er auf seine langsame Art fort. „Jeder Plan, Phalanstery oder Community, nennen Sie es wie Sie wollen, der auf Selbstverwaltung basiert , basiert auf einer Täuschung, der kitschigsten aller Täuschungen."

Der alte Schulmeister schüttelte als Wissender den Kopf und versuchte tastend, die dünnen grauen Härchen aus seinen Augen zu streichen. Margret hob sie zurück, so leise, dass er sie nicht spürte.

„Als Nächstes wirst du die Republik als Schwindel bezeichnen!" sagte der Doktor kühl und verschärfend.

"Die Republik!" Der alte Mann beschleunigte seinen Ton, wie ein Kriegspferd, das die bevorstehende Schlacht wittert. „Es gab nie ein Teufelsei mit einer dünneren Kruste auf der Welt als die Demokratie. Ich glaube, das habe ich Ihnen schon einmal gesagt?"

„Das glaube ich", sagte der andere trocken.

„Sie waren immer ein Tory, Mr. Howth", sagte seine Frau auf ihre ruhige, cremige Art. „Es liegt mir im Blut, denke ich, Doktor. Die Howths haben unter Cornwallis gekämpft, wissen Sie."

Der Schulmeister wartete, bis seine Frau fertig war.

„Sehr wahr, Mrs. Howth", sagte er mit einem ernsten Lächeln. Dann wurde sein schmales Gesicht wieder heiß.

„Nein, Dr. Knowles. Ihr Plan ist nur ein Zeichen des verrückten Zeitalters, in dem wir leben. Seit dem dreizehnten Jahrhundert, als das anarchische Element voll in die Geschichte der Menschheit eindrang, herrschte in dieser Geschichte Chaos. Und diese Republik ist es." der Höhepunkt des Chaos.

„Aus dem Chaos entstand die neugeborene Erde", schlug der Doktor vor.

„Aber seine Fundamente waren Granit", entgegnete der alte Mann mit nervösem Eifer, „Granit, nicht der Schlamm von gestern. Wenn Sie Reiche gründen, machen Sie sich an die Arbeit, wie Gott getan hat."

Der Doktor antwortete nicht; Stattdessen saß er da und schaute gleichgültig in die Dunkelheit, als wären die Ketzereien, die der alte Mann ihm entgegenschleuderte, ein altes, abgenutztes Lied . Als er jedoch sah, dass der Enthusiasmus des Schulmeisters im Begriff zu erlöschen schien, nahm er sich auf, ihn zum Leben zu erwecken.

„Nun, Mr. Howth, was wollen Sie haben? Wenn die ausgetretenen Rechte der menschlichen Seele der Schleim von gestern sind, wie sollen wir dann unser Reich auf Dauer gründen? Auf Despotismus? Zivil oder theokratisch?"

„Jeder Despotismus ist besser als der von neu ernannten Leibeigenen", antwortete der Schulmeister.

Der Doktor lachte.

„Was für ein erfolgreicher Politiker wären Sie geworden? Sie hätten einen so gewinnenden Weg in die Herzen der großen Ungewaschenen gefunden!"

Mrs. Howth legte ihr Strickzeug nieder.

„Meine Liebe", sagte sie schüchtern, „ich halte das für Verrat."

Die wütende Hitze verschwand augenblicklich aus seinem Gesicht, als er sich ihr zuwandte, ohne den Anflug eines versteckten Lächelns angesichts ihrer Einfachheit. Sie war eine Frau; und als er mit dem Doktor sprach, klang seine Stimme weniger scharf.

„Was deklamierten die Jungs immer, während ihre Yankee-Herzen unter ihren Abtreibungen pochten? ,Glückliches, stolzes Amerika!' Irgendwie so. „Verfluchtes, erniedrigtes Amerika!" besser, wenn sie es gesagt hätten. Schauen Sie sie an, in der warmen Kraft ihrer Jugend, am kräftigsten im Verfall! Schauen Sie sich die Keime und Abschaum von Nationen, Glaubensbekenntnissen, Religionen an, die zusammen gären! Was die Theorie der Selbstverwaltung betrifft, wird sie es tun Verlieren Sie sich hier, wie in den drei großen Archetypen des Experiments, in einen verblassenden, elenden Misserfolg!"

Der Doktor hörte nicht. Ein schärferer Schatten schien ihn zu verfolgen als der Untergang der Republik. Welche Hilfe suchte er bei diesem Mädchen? Seine scharfen, tiefen Augen verließen nie ihr bewusstloses Gesicht.

„Nein", fuhr Mr. Howth fort, der das Feld für sich allein hatte, „wir haben die Ordnung dort zurückgelassen, in den Zeitaltern, die Sie dunkel nennen, und der Fortschritt wird die Welt in den Graben posaunen."

„Comte!" knurrte der Doktor.

Der Stock des Schulmeisters schlug einen wütenden Schlag auf den Herd.

„Sie verspotten Comte? Weil er, obwohl er das klarste Auge hatte, das weiteste Auge, das je ein Mensch hatte, nichts mehr hatte? Es sollte zeigen, wie weit das Fleisch allein gehen kann. Könnte er etwas dagegen tun, wenn Gott die Vision des Propheten ablehnte? "

„Ich bin sicher, Samuel", unterbrach seine Frau mit trauriger Ernsthaftigkeit, „deine eigenen Augen waren so stark, wie die eines Mannes nur sein konnten. Zehn Jahre nachdem ich angefangen hatte, eine Brille zu tragen, hast du angefangen. Nur wegen dieses elenden Fiebers konntest du das." Jetzt Stenografie lesen."

Ihre eigenen blauen Augen füllten sich mit Tränen. Plötzlich herrschte Stille. Margret zitterte, als würde ein Schmerz sie stechen. Sie hielt die knochige Hand ihres Vaters in der ihren und tätschelte damit ihr Knie. Die Hand zitterte ein wenig. Knowles' scharfe Augen huschten von einem zum anderen; Dann schüttelte er sich mit einem unterdrückten Knurren und stürzte sich Hals über Kopf in den alten Kampf, den er und der Schulmeister jetzt seit etwa sechs Jahren immer wieder führten. Das war ein Kampf, das kann ich dir sagen! Nichts von Ihrem oberflächlichen, höflichen Aufeinanderprallen moderner Theorien – kein Gerede über Ihre Jeffersonsche Demokratie, Ihren hochentwickelten Föderalismus! Sie packten die Sache an der Wurzel, klar am Anfang.

Mrs. Howth schwand förmlich der Atem, sie gingen der Sache auf so gefährliche Weise auf den Grund. Was wäre, wenn Joel es hören würde? Zweifellos würde er berichten, dass sein Herr ein Ungläubiger sei – das würden sie als Nächstes hören. Er war jetzt in der Küche: Er war vor einer Stunde mit dem Holzhacken fertig. Zweifellos schlafend; das war ein Trost. Nun, wenn er wach wäre, könnte er es nicht verstehen. Diese Klasse von Menschen – und Mrs. Howth (in deren freundliches Gehirn gerade so viel vom Glaubensbekenntnis ihres Mannes schimmerte, dass sie „diese Klasse von Menschen" sagen konnte, in dem Ton, mit dem Abraham NICHT von Dives über dem Golf gesprochen hätte) widmete sich ruhig wieder dem Stricken und fragte sich, warum Dr. Knowles jetzt zehnmal dorthin kommen sollte, wo er früher einmal gewesen war, um Samuel zu diesen ermüdenden Auseinandersetzungen zu provozieren. Seitdem ihr Unglück über sie gekommen war, war er jede Nacht dort gewesen, immer dabei. Sie sollte denken, dass er etwas rücksichtsvoller sein könnte. Mr. Howth hatte sicherlich genug zu bedenken, mit seinem – seinem Unglück und dem Hungersnot, der sie erwartete, und der Erniedrigung der armen Margret (sie seufzte hier), ohne sich über das theokratische Prinzip oder die Schlacht von Harmagedon den Kopf zu zerbrechen. Sie hatte dies eines Tages Dr. Knowles gegenüber angedeutet, und er hatte etwas gemurmelt, es sei „das Leben des Hundes, Ma'am". Sie fragte sich, was er damit meinte! Sie blickte zu seiner bärenhaften Gestalt, der mit Schnupftabak überzogenen Weste und seinem schwarzen Haarschopf hinüber. Nun, der arme Mann, er konnte nicht anders, wenn er grob wäre und ein Abolitionist und ein Fourierist, und – – Sie wurde jetzt ein wenig schlammig, sie war bei Bewusstsein, also wandte sie ihre Gedanken wieder der Ruhe ihres Strumpfs zu . Margret nahm es sehr gelassen, als sie sah, wie ihr Vater so in Flammen stand. Aber Margret hatte nie eine Meinung zu äußern. Sie war nicht wie die Parnells : Sie waren für ihr klares Urteilsvermögen bekannt. Mrs. Howth war eine Parnell.

„Der Kampf verschärft sich, – weiter, ihr Mutigen!"

Das fette, ledrige Gesicht des Doktors war jetzt ganz rot, und seine Sätze schleuderten er mit einem sarkastischen Bass heraus, der das Mark eines schwachen Mannes zum Austrocknen brachte. Aber der Schulmeister war kein schwacher Mann. Sein Fuß befand sich ausschließlich auf seiner Heimatheide, das versichere ich Ihnen. Er kannte jeden Zentimeter des Bodens, von der Vorherrschaft des absoluten Glaubens im Zeitalter des Fetischismus bis zu seiner Pseudopräsentation im zehnten Jahrhundert und seiner tatsächlichen Subversion im neunzehnten Jahrhundert. Jeder Schritt. Da hätten unsere Politiker vielleicht die eine oder andere Idee aufgegriffen, denke ich! Dann war er so cool, so geschickt ! Er rieb sich vor Freude die Hände und genoss den Kampf. Und er war sich so sicher, dass der Doktor es absolut ernst meinte: Na ja, jeder, der auch nur ein halbes Ohr hat, konnte das hören! Er konnte sich nicht vorstellen, dass seine Augen in der Hitze des Gefechts lustlos abwandern würden. Aber Mr. Howth wanderte nicht umher; Es gab nichts Nachlässiges oder Zweiseitiges bei der Erschaffung dieses Mannes, keine Täuschung über ihn oder Anleihen. Sie kamen nach und nach zum Vorschein, oder sie kamen nach und nach zum Vorschein – denn wie ich Ihnen schon sagte, gingen sie zunächst bis zum Kern der Sache vor –, sie kamen nach und nach in die Neuzeit. Die Dinge begannen ein vertrauteres Aussehen anzunehmen. Spinoza, Fichte, der heilige Simon, – davon hörte man jetzt. Hätten Sie nur hören können, wie der Schulmeister mit diesen seinen Feinden umgeht! Mit welcher zärtlichen Nächstenliebe für den Mann, mit welcher unerbittlichen Rache für den Glauben stürzte er sich auf sie, riss die Seele aus ihren Systemen und hielt sie für ein langsames Abschlachten bereit! Was die Menschheit betrifft (wie Knowles bei diesem Wort verweilte, mit einer Zärtlichkeit, die bei einem so unhöflichen

Fleischstück seltsam ist!) – was die Menschheit betrifft, es war eine Studie, zu sehen, wie sie entblößt und missachtet und wie ein schmutziger Lappen aus der Tür geworfen wurde dieser arme alte Howth, ein Mann, der zu kindisch ist, um eine Spinne zu töten. Es war angenehmer, ihm zuzuhören, wenn er die große Vergangenheit verteidigte, in der seine ideale Wahrheit nur schwach verdunkelt worden war. Wie er die hervorstechenden Farben des feudalen Lebens erfasste! Wie frohlockend erhob sich die feine weibliche Natur des Mannes im freien, malerischen Glanz des Tages der Kreuzfahrer- und Heldentaten! Wie er dem Eroberer Merkmale vollkommener Männlichkeit und schlichtes Vertrauen in den Leibeigenen beibrachte, um seine Argumente zu schwächen und zu schwächen, ohne zu bemerken, dass er sie schwächte! Wie er, als er glaubte, den Doktor in die Enge getrieben zu haben, erröten und lachen würde wie ein Junge, und sich dann plötzlich zusammenhielt, um ihn nicht zu verletzen! Ein neugieriges Lachen, freundlich, fröhlich, das aus seiner schwachen Stimme auf eine Weise sprudelt, die einen an einen alten und seltenen Wein erinnert. Wenn er sich selbst in einem dieser triumphalen Glanzlichter überprüfte, wandte er sich mit abwertender Ernsthaftigkeit an den Doktor und antwortete einige Augenblicke lang fast unterwürfig. So ernst und abgenutzt sah das arme alte Gesicht im trüben Licht aus! Die schwarze Kleidung, die er trug, war so abgenutzt und glänzte an den Knien und Ellbogen, die groben Lederschuhe waren so fein poliert! Der Doktor fragte sich beiläufig, wer sie geschwärzt hatte, während er einen Blick auf Margrets Finger warf.

Im Knopfloch des Mantels des Schulmeisters steckte eine Blume, eine blasse Teerose. Wenn Dr. Knowles ein Mann mit ausgeprägten Instinkten gewesen wäre (was seine undurchsichtigen, glänzenden Augen zu leugnen scheinen), hätte er es selbst in dem schäbigen, abgewetzten Mantel vielleicht nicht für unpassend oder unangebracht gehalten. Ein Gelehrter, ein Gentleman, wenn auch in geflickten Schuhen und Hosen eine Welt zu kurz. Alt und hager, vielleicht sogar vom Hunger geplagt, mit losen Gelenken, knochigen Gliedmaßen und gelbem Gesicht; treu und mutig klammerte er sich an die urigen, zarten Fantasien seiner Jugend, die für andere Männer Staub und Asche waren. In dem sehr hageren Gesicht konnte man die stille Reinheit des Kindes erkennen, das er einmal gewesen war, und das Lächeln des alten Kindes, frisch und leichtgläubig, auf dem Mund.

Der Doktor hatte einen Moment lang nichts gesagt. Es könnte sein, dass ihm die poetischen Lichter, mit denen Mr. Howth seinen alten Glauben zärtlich schmückte, egal waren, oder es könnte sein, dass selbst er, mit der schrecklichen Absicht eines echten Lebenszwecks in seinem Gehirn, von dem Bild berührt war der uralten Ritterlichkeit, vor langer Zeit tot. Die Stimme des Meisters wurde jetzt leiser und nachklingender. Das war eine Herzensangelegenheit . Oh, es ist so einfach, aus dem Staub und der

Gemeinheit und dem Tauschhandel in den klaren Schatten dieses alten Lebens zurückzukehren, in dem Liebe und Tapferkeit ewige Wahrheiten sind – die in dieser staubigen Stadt dort drüben niemals gekauft und verkauft werden können! Zurück zu gehen? Eher zurückträumen. Aus unseren eigenen Herzen herauszuholen, wie es der hungrige alte Meister tat, was dort am wahrsten und höchsten ist, und es in den dunklen Tagen des Rittertums mit Namen und Taten zu bekleiden. Machen Sie ein Gedicht daraus – so viel einfacher, als ein Leben zu erschaffen!

Knowles schlurfte unruhig hin und her und beobachtete das Mädchen aufmerksam, um zu wissen, wie sehr das Bild sie berührte. War diese großartige, tote Vergangenheit für ihn denn so oberflächlich, dachte sie? Konnte er die lebenslangen Qualen, den Triumph ihres Konflikts über sich selbst verstehen, diese reinen, unbefleckten Ritter, die bis zum Tod nach dem Heiligen Gral suchten? Diese Frauen, die zufrieden damit waren, für immer in Einsamkeit zu leben, weil sie einmal geliebt hatten, konnte irgendein Mann das verstehen? Oder die tote Königin, tot, damit der Mann, den sie liebte, frei und glücklich sei – nun, das WAR Leben, – dieser Tod! Aber lagen Schmerz, Märtyrertum und Sieg allein in den Tagen Galahads und Artus? Das heimelige Gesicht wurde stiller als zuvor, als es auf die Dünenlandschaft des Moorlandes blickte – kalt, nichts verratend. Es verwirrte den Mann, der es betrachtete. Er schlurfte, kaute energisch Tabak, stellte seinen Stuhl auf zwei Beine und brach schließlich in einen Gewitterstoß aus.

„Tote Tage für tote Männer! Die Welt hört heute einen Signalhornruf, der edler ist als jeder Ihrer Troubadoure. Wir haben etwas Besseres, für das wir kämpfen können, als ein leeres Grab.“

Der alte Mann richtete sich hochmütig auf.

„Ich weiß , was Sie sagen würden: Freiheit für die Niedrigen und Niederträchtigen. Es ist ein gutes Wort. Das war ein besseres Wort, das sie früher in ihren Herzen versteckten : Ehre !“

Ehre ! Ich denke, obwohl er Calvinist war, war dieses Wort seine Religion. Männer hatten Schlimmeres. Vielleicht dachte der Doktor das; denn er stand plötzlich auf, stützte sich auf den Stuhl des alten Mannes und sagte sanft:

„Es ist besser, sogar hier. Und doch vergiftest du den Geist dieses Kindes. Du bringst sie dazu, Heute zu verachten; verleihst ihr jetzt Ehre. “

„Das ist nicht der Fall“, sagte der Schulmeister bitter. „Die Welt ist gescheitert. Alle großen alten Träume sind tot. Ihr eigenes Phantom, Ihre Republik, Ihr Experiment, um zu beweisen, dass alle Menschen frei und gleich geboren sind – was ist das heute?“

Knowles hob den Kopf und blickte in die braune Dämmerung. Ein Wort von bedeutsamer Bedeutung blitzte in seinen Augen auf und zitterte auf seiner Lippe; aber er hielt es zurück. Sein Gesicht jedoch strahlte, und der Glanz und die Kraft verliehen den riesigen, unförmigen Gesichtszügen eine großartige Ruhe.

„Sie reden von Heute", fuhr der alte Mann mürrisch fort. „Ich habe es satt. Hier ist seine Art und Geschichte", berührte er eine Kreiszeitung, „ eine schöne Art, mit seinem Geschwätz und seiner Bigotterie und dem Gewicht unverständlicher Tatsachen. Handel und Verkauf – es befleckt unsere Religion, unsere." Gehirne, unsere Flaggen – deine und meine, Knowles, mit dem Rest. Hast du nie von diesen erbärmlichen Geistern gehört, die weder in den Himmel noch in die Hölle kamen, die weder Gott treu noch rebellisch waren und sich nur um sich selbst kümmerten?"

Er hielt inne, ziemlich außer Atem. Margret blickte auf. Knowles schwieg. Auf dem rauen Gesicht lag ein unterdrückter Ausdruck des Schmerzes; Die Worte des Schulmeisters gingen tiefer, als er wusste.

„Nein, Vater", sagte Margret und beendete hastig sein Zitat, „'io non averei. " creduto , che [vita] tanta n' avesse disfatta .'"

Geschickte Margret! Der Brocken im Gehirn des alten Mannes muss getrübt gewesen sein und die großartige, langsame Musik des Florentiners konnte ihn nicht beruhigen. Sie hatte das vor langer Zeit gelernt und nutzte es, als würde eine Krankenschwester ein altes Lied singen, um ihr kleinliches Kind zu beruhigen. Sein Gesicht hellte sich sofort auf.

„Dann glaube nicht, Kind", sagte er nach einer Pause. „Es ist ein edler Zweifel, an Dante oder an dir."

Der Doktor hatte sich abgewandt; sie konnte sein Gesicht nicht sehen. Der zornige Spott war aus dem Gesicht des alten Meisters verschwunden; es lag gebeugt mit seiner üblichen wehmütigen Begierde auf dem Boden. Einen Moment später blickte er mit einem flackernden Lächeln auf.

„' Onorate l' altissmo poeta !'", sagte er und hob sanft seinen Finger auf militärische Weise an seine Stirn. „Wo ist mein Stock, Margret? Der Doktor und ich werden auf der Veranda spazieren gehen, bevor es dunkel wird .

Die Sonne war schon vor langer Zeit untergegangen, und die Sterne waren sichtbar; aber niemand sprach darüber. Knowles zündete sich die Pfeife des Schulmeisters und seine eigene Zigarre an und schob dann die Stühle beiseite, wobei er leise Schritte machte, damit der alte Mann ihn nicht hörte. Margret, die im Zimmer war, beobachtete sie beim Gehen und sah, wie sanft der raue, stämmige Mann mit ihrem Vater umging und wie er jedes

Mal, wenn sie an der Brombeere vorbeikamen, die Zweige zur Seite bog, damit sie sein Gesicht nicht berührten . Langsame, kindliche Tränen traten ihr in die Augen, als sie es sah; denn der Schulmeister war blind. Dies war ihr regelmäßiger Spaziergang jeden Abend gewesen, da es ihnen zu kalt wurde, um unter die Linden zu gehen. Der Doktor hatte keine Nacht versäumt, seit ihr Vater vor einem Monat die Schule verlassen hatte: zunächst unter dem Vorwand , sich um seine Augen zu kümmern; Aber seit dem Tag, an dem er ihnen gesagt hatte, dass es keine Hoffnung auf Heilung gebe, hatte er nie wieder davon gesprochen. Nur war er seitdem doppelt streitsüchtig geworden, stand bewaffnet bereit, mit dem alten Mann über jeden Zentimeter jedes Themas auf der Erde oder in der Luft zu streiten, und hielt den alten Mann während der langen, müßigen Tage in einem Zustand knabenhafter Erregung, während er nach vorn blickte zu dieser nächtlichen Schlacht.

Es war sehr still; denn das Haus mit seinem halben Dutzend Hektar Land lag in einer Ecke der Hügel und blickte auf den Fluss, der alle fernen Geräusche abschirmte. Nur die Schritte der Männer durchbrachen die Stille, die immer wieder am Fenster vorbeigingen. Draußen lag das Oktobersternenlicht weiß und frostig auf den Mooren, der alten Scheune, den scharfen, dunklen Hügeln und dem Fluss, der halb vom Obstgarten verdeckt war. Man konnte es manchmal hören, als würde ein riesiger Riese im Schlaf stöhnen, und breite Flecken stahlblauen Glitzerns durch die dichten Apfelbäume und Büsche sehen. Ihre Mutter war eingenickt. Margret sah sie an und dachte darüber nach, wie blass das runde, helle Gesicht geworden war und wie verblasst die freundlichen blauen Augen jetzt waren. Benommen vom Weinen – das wusste sie, obwohl sie nie gesehen hatte, dass sie eine Träne vergoss. Immer fröhlich, ging sie in ihrem grauen Kleid und der Quäkermütze gelassen durch das Haus, als gäbe es weder Schulden noch Blindheit auf der Welt. Aber Margret wusste es, obwohl sie nichts sagte. Als ihre Mutter von diesen wunderbaren Futtersuchausflügen auf der Suche nach Späterbsen oder Mais zurückkam, konnte sie die geschwollenen Augenringe sehen und ihren Atem hören wie den eines Kindes, das müde geschluchzt hat. Dann, eines Nachts, als sie im Bett lag und das Zimmer ihrer Mutter betrat, blickten ihre blauen Augen wild und hoffnungslos, als blickten sie in Jahre des Hungers und des Elends. Das Feuer im Herd brannte schwach und hell; Die alten , abgenutzten Möbel hoben sich fröhlich im roten Schein ab und warfen ein Labyrinth aus verdrehten Schatten auf den Boden. Aber das Leuchten war alles, was fröhlich war. Morgen, wenn das harte Tageslicht die Schatten vertreiben würde, würde es ein trostloses, schäbiges Zuhause enthüllen . Sie wusste; von der weißen Lepra der Armut heimgesucht; die kahlen Wände, die verblassten Wandbehänge, das alte Steinhaus selbst, das leer auf die Felder hinausblickt und eine erbärmliche Bedeutung für den Verlust hat. Auf dem Kaminsims stand eine kleine Marmorfigur, eine der tanzenden Grazien; die anderen beiden waren verschwunden, als Pfand verschwunden. Diese blieb zurück, drehte ihren Fuß und streckte ihre Hände in einer trüben Art von Ekstase aus, ohne dass jemand antwortete. Für einen Moment schienen ihr Zuhause und ihr Leben so leer und bitter, dass sie glaubte, die einsame Tänzerin mit ihrer zur Schau gestellten Freude verspottete sie – verspottete sie mit der langsamen, grauen Trostlosigkeit, die sich seit Jahren über sie beschleicht. Nur für einen Moment tat ihr die krankhafte Fantasie weh.

Der rote Schimmer war gesünder und passte besser zu ihrem Temperament. Sie beschloss, sich das Haus so vorzustellen, wie es einst gewesen war – es sollte wieder so sein, Gott sei Dank. Sie entschied sich dafür, den alten Trost und die alte Schönheit zu sehen, die der arme Schulmeister in seinem Haus versammelt hatte. Jetzt weg. Aber es sollte zurückkehren. Es war vielleicht gut, dass er blind war, er wusste so wenig von dem, was über sie gekommen war. Dort, wo die schwarzen Flecken an der Wand waren, hingen zwei Bilder. Margret und ihr Vater glaubten fest daran, dass sie Tintoret und Copley waren . Nun, sie waren jetzt weg. Er selbst war es gewohnt, sie jeden Morgen mit einer leichten Bürste abzustauben, aber jetzt sagte er immer:

„Du kannst die Bilder heute reinigen, Margret. Sei vorsichtig, mein Kind.“

Und Margret würde sich an den fettigen Iren erinnern, der sie unter seinen Arm geklemmt und in einen Karren geworfen hatte, während ihr Blut in ihren Adern heißer wurde.

Es war im ganzen Haus dasselbe; Es gab keine Nische in den kahlen Räumen, die nicht an etwas Vergangenes erinnerte – etwas, das zurückkehren sollte. Das wollte sie an diesem Abend, als sie am schummrigen Feuer stand. Was Frauen wollen, deren Blick langsam und aufmerksam ist, wie der dieser Margret, geschieht normalerweise.

Der rote Feuerschein gefiel ihr; ein weiteres Leuchten, das ihre schwebende Fantasie erwärmte, vermischte sich damit und verlieh ihrem alltäglichen Ziel den Charakterzug des Heldentums. Der alte Geist der toten Ritterlichkeit, des Beistands für die Schwachen, der lebenslangen Selbstverleugnung – brauchte er die Sandwüste Palästinas oder ein Turnier, um ihn zum Leben zu erwecken? Unten in dieser Handelsstadt, inmitten ihrer Mühlen und Drays, könnte es leben, dachte sie. Vielleicht fanden in derselben Nacht in einigen dieser stinkenden Keller oder versunkenen Hütten Mahnwachen statt, die ebenso selbstlos waren, und Gebete, die ebenso himmlisch waren wie die der alten Anwärter auf den Ritterstand. Auch sie – ihr ruhiges Gesicht zeigte ein einfaches, kindliches Lächeln, wie das ihres Vaters.

„Warum, Mutter!" Sie sagte und strich über die grauen Haare unter der Mütze: „Sollst du die ganze Nacht hier schlafen?" Lachen.

Ein fröhliches, zärtliches Lachen dieser Frau war – selten zu hören – nicht weit von Tränen entfernt.

Mrs. Howth stand auf. In diesem Moment erschien ein breiter, hochschultriger Mann in einem grauen Flanellhemd und Schuhen, die an den Stall erinnerten, an der Tür. Margret sah ihn an, als wäre er ein anklagender Geist, der, wie es für eine Frau zutrifft, von Höhen der Selbstverleugnung oder kühnen Entschlossenheit zu einem unverkleideten Strumpf oder einer ungekochten Mahlzeit hinabsteigt.

„ Kittles „B'ilin "", verkündete er und warf die Informationen als allgemeines Trinkgeld ein.

„Das reicht, Joel", sagte Mrs. Howth.

Der Ton stattlicher Sanftheit, den Mrs. Howth als Schutzschild zwischen sich und „dieser Klasse von Menschen" errichtete, war eine Studie: ein Erfolg; die Zusammenfassung ihrer Kampferfahrungen, die ihr halbes Leben gekostet hatten, wie die anderer amerikanischer Haushälterinnen. „Sei sanft, aber lass sie wissen, wo ihr Platz ist, meine Liebe!" Die Klasse, die ihren Typ und Vertreter in Joel hatte, blieb an der Tür stehen und zog ihre Hosenträger hoch.

„Das reicht, Joel", mit strenger Höflichkeit.

Irgendeine Idee schlummerte in Joels Kopf unter dem roten Haarbüschel – wahrscheinlich das „anarchische Element".

„Äh, ich wollte die G'zette lesen . " Daraufhin rückte er in die Zähne des Feindes vor und entriss ihm die Zeitung, ging vor Margret her, als diese in die Küche ging, und setzte sich neben eine brennende Talgkerze auf den Tisch.

Lesen war für Joel nicht der müßige Zeitvertreib, wie ihn trivialere Geister finden; im Gegenteil, eine Sache, auf die man mit langsamer Rechtschreibung und einem zu wilder Strenge verzerrten Gesicht eingehen sollte, besonders jetzt, wo, wie er Margret ernst erklärte, „SEINE Meinung war, dass die Crissis ein Scherz war, und überhaupt ." Der Mensch muss sehen , ob die Regierung die Ansichten des Volkes verwirklicht .

Mit dieser Absicht konsultierte Joel zusammen mit fünftausend anderen Herrschern als maßgebliches Orakel die „Daily Gazette" von Towbridge . Der Schulmeister hätte sich nicht über die alte Zeit beschweren müssen: Die Feodalität in den Tagen von Warwick und der „Daily Gazette" war nicht so unterschiedlich, wie er und Joel dachten.

Hin und wieder, teils als Ventil für seine übertriebene Überzeugung, teils aus Mitleid mit der Ignoranz von Frauen in der politischen Ökonomie, warf er Margret verschiedene Kommentare zu dem Text zu, während sie ein- und ausging.

Wenn sie Joels Ansichten voll und ganz verinnerlicht hätte, hätte sie diese Ansichten vielleicht als etwas Radikales angesehen, da sie in der Angemessenheit des sofortigen „Aufgreifens des Präsidenten" bestanden. Außerdem (Joel war auch ein gutmütiger Mann, barmherzig zu seinem Tier) wünschte er wie Nero mit dem Tigerblutstropfen, der in jedem Herzen verborgen liegt, dass die wenigen Millionen, die mit ihm und den „ „Gazette" hatte nur einen Hals für eine bequemere Aufhängung. „Das ist alles, was Kentry retten wird ", sagte er und glaubte es auch.

Wenn Margret plötzlich vom Höhepunkt ihrer Lebensauffassung abfiel und sich der einfachen Arbeit widmete, das Abendessen zu kochen, ging meiner Meinung nach ein Teil des gesunden Heldenmuts der Ritterzeit und des Herdfeuers mit ihr unter. Es erhellte und rötete die quadratische Küche mit dem rissigen Herd und der dürftigen Auswahl an Konservendosen; sie wuselte auf ihre urige Art umher, als wäre es mit Annehmlichkeiten gefüllt und überströmt. Es erhellte und rötete ihr Gesicht, als sie hereinkam, um das letzte Gericht auf den Tisch zu stellen – einen gemütlichen , gemütlichen Tisch, der für vier Personen gedeckt war. Ich nehme an, dass heroische Träume mit Dichtern sie für andere Speisen als ein Fest, wie es Eva für den Engel bereitet hat, unbrauchbar machen. Aber andererseits war Margret keine Dichterin. Als ihre Hoffnung entfacht wurde, strahlte ihr heilsames Licht aus und wärmte und verherrlichte diese alltäglichen Dinge. So alltägliche Dinge! Nur ein grobes weißes Tuch, das weder durch Silber noch durch Porzellan ersetzt wurde, der bernsteinfarbene Kaffee (einige davon hatte Knowles ihrem Vater mitgebracht – „auf seine Hände geworfen; er konnte es nicht benutzen, – Produkt der Sklavenarbeit ! – niemals." , Sir!) der zarte braune Fisch, den Joel gefangen hatte, das Brot, das ihre Mutter gemacht hatte, die goldene Butter – all das berührte ihre Nerven mit einem schnellen Gefühl von Schönheit und Vergnügen. Und mehr noch, das hagere Gesicht des blinden alten Mannes, seine knochige Hand zitterte, als er die Tasse an seine Lippen hob, während ihre Mutter und der Doktor es stillschweigend schafften, alles, was ihm am besten schmeckte, neben seinen Teller zu stellen. War das nicht alles Teil des frischen, hoffnungsvollen Leuchtens, das in ihrem Bewusstsein brannte? Es wurde heller und tiefer. Es verwischte den harten, staubigen Weg der Zukunft und zeigte am Ende warm und deutlich den Erfolg. Nicht viel zu zeigen, denken Sie. Nur das alte Zuhause, wie es einmal war, voller stillem Lachen und Zufriedenheit; nur die Augen ihrer Mutter strahlten wieder klar; Nur dieser hagere alte Kopf hob sich stolz und schuldete niemandem etwas anderes als Höflichkeit. Das

Leuchten wurde intensiver, als sie daran dachte. Es war auch seltsam, dass dieses Mädchen angesichts der tiefen, langsamen Natur so eifrig danach strebte, dieses Licht auf die Zukunft zu werfen. Gewöhnlichere Naturen haben mehr getan und weniger gehofft. Es war ein armseliges Geschenk, denken Sie, dies von der Mühe eines Lebens für eine so einfache Pflicht; kaum heroisch. Sie wusste es. Doch wenn in dieser bevorstehenden Wehen irgendein Schmerz lag , irgendeine ermüdende Anstrengung, klammerte sie sich verzweifelt daran fest, als ob dies vielleicht den noch schlimmeren Verlust vertreiben sollte. Sie versuchte verzweifelt, sage ich, die ferne, ungewisse Hoffnung am Ende festzuhalten, daraus Glück zu machen und sie ihrem stillen, nagenden Herzen zu geben, von dem sie sich nähren konnte. Sie verdrängte jedes mögliche Leben, das ihr wahres Selbst ins Leben gerufen hätte, und klammerte sich an diese gegenwärtige oberflächliche Pflicht und oberflächliche Belohnung. Es ist erbärmlich und eitel, so festzuhalten! Es ist der Weg der Frauen. Als ob eine menschliche Seele das, was hätte sein können, in dem begraben könnte, was ist!

Der Doktor, der ihre Gedanken mit scharfen, misstrauischen Augen untersuchte, achtete kaum auf die vorübergehende Begeisterung. Sogar das angenehme, fröhliche Gespräch, das ihrem Vater so gefiel, war nur oberflächlich, das wusste er. Die Frau, die er für sein großes Ziel erobern musste, lag dunkel und kalt darunter. Nur aus diesem Grund kümmerte er sich um sie. Durch die kalten Tiefen der Einsamkeit spielte ihre Seele kaum eine Rolle. Doch eine müßige Vorstellung erfüllte ihn mit der Vorstellung, was für einen Triumph der Mann errungen hatte, wer auch immer er sein mochte, der den Hauptschlüssel zu einer so seltenen Natur wie dieser innehatte, der die königliche Macht in der Hand hatte, ihr Schweigen in elektrische Schauer zu brechen von Lachen und Tränen – schrecklicher subtiler Schmerz oder ebenso schreckliche Freude. Hat er die Macht still gehalten? Er fragte sich. Währenddessen saß sie ungelesen da.

KAPITEL II.

Der Abend nahte langsam und kalt. Das Leben selbst, dachte der Doktor ungeduldig, sei hier zwischen den Hügeln kühl und verspätet. Sogar er verfiel in den ruhigen Ton und ärgerte sich darüber. Nirgendwo sonst ging der Abend so unmerklich grau und düster in die geheimnisvolle Nacht über wie hier. Die Stille, weit und tief, schloss ihn ein und zwang seine triviale Hitze in Stille und Nachdenken. Die Welt schien dort zu denken. Stille in den toten Nebelmeeren, die die Täler erfüllten wie ruheloser Dampf, der zur Stille erstarrte; Stille in der lauschenden Luft, die sich grau bis zu den Sternen erstreckte – in den ernsten Bergen, die regungslos dastanden, wie grauhaarige Propheten, und mit erhobenen Händen Tag und Nacht darauf warteten, die Stimme zu hören, die jetzt seit Jahrhunderten schweigt; Die Luft selbst, schwer vom Atem der schlafenden Kiefernwälder, bewegte sich langsam und kalt, wie eine menschliche Stimme, müde davon, den ungläubigen Herzen einen Frieden auf Erden zu predigen. Das Herz dieses Mannes war ungläubig; er rieb sich in der bedrückenden Stille; Es war ein gefühlloser Spott für eine kranke und hungrige Welt – eine tote Erstarrung der Gleichgültigkeit. Jahrelanger heißer und trüber Schmerz hatte seine Augen für das ewige Geheimnis der Nacht abgestumpft; Seine Seele war zu wund vom Stolpern, zu gereizt, zu entzündet von den Nöten und dem Leid der zahllosen Leben, die ihn einengten, als dass er die große prophetische Ruhe hätte akzeptieren können. Er war blind für die Prophezeiung, die auf der Erde niedergeschrieben war, seit Gott sie zum ersten Mal befahl, dem vereitelten Menschen vom großen Morgen zu erzählen.

Er wandte sich von der Nacht ins Haus ab. Menschliche Herzen waren sein eigentliches Studium. Das alte Haus, dachte er, schlief mit den anderen. Man wunderte sich nicht, dass das Pendel der Uhr lang und langsam schwang. Das hektische, nervöse Tempo der Stadtuhren harmonierte besser mit dem Puls des menschlichen Lebens. Doch das Leben in den Adern dieser Menschen floss langsam und kühl; Ihre Sorgen und Freuden waren gering und ein Leben lang. Die ausdauernde Atmosphäre passte zu dieser Frau, Margret Howth. Ihr Blut konnte niemals in plötzlichen Wellen der Leidenschaft verebben oder fließen, wie sein eigenes, pochend und ständig erhitzend: ein Strom, absorbierend, tief, würde seine Flut von einer Ewigkeit zur anderen tragen, eine Liebe oder einen Hass. Welche Macht auch immer in der Flut steckte, sie sollte in ihrer Gesamtheit ihm gehören. Es war sein Recht. War sein Ziel nicht hoch, das höchste? Es war sein Recht.

Als Margret aufsah, sah sie, wie der Mann sie ansah. Sie begegnete dem kühl. Ihr ganzes kurzes Leben lang hatte dieser seltsame Mann, so zärtlich zu den Schwachen, sie mit einer Art wilder Verachtung beobachtet, sich über ihre kindliche, verträumte Apathie lustig gemacht und sie mit einer Geißel der Verachtung von Anstrengung zu Anstrengung getrieben. Was wollte er jetzt von ihr? Ihre Pflicht war leicht; sie nahm es auf – sie nahm es gerne auf; was hätte er mehr? Sie schob die ganze Angelegenheit beiseite.

Es wurde spät. Sie setzte sich an die Lampe und begann wie üblich, ihrem Vater vorzulesen. Ihre Mutter legte ihr Strickzeug weg; Joel kam im Halbschlaf; Der Doktor streckte seine ewige Zigarre aus und hörte, wie alles andere auch, aufmerksam zu. Es war eine alte Geschichte, die sie las – die Geschichte eines Mannes, der vor achtzehnhundert Jahren durch die Felder und überfüllten Straßen Galiläas spazierte. Mit seinem erhitzten Gehirn bildete sich Knowles ein, dass die Stille draußen in der Nacht tiefer wurde, dass die langsam bewegte Luft innehielt, um zu lauschen. Vielleicht hatte die einfache Geschichte eine tiefere Bedeutung für diese düsteren Berge und den feierlichen Himmel als für die blinden Herzen darin. Für sie war es eine weit entfernte Geschichte – sehr weit weg. Der alte Schulmeister hörte es mit gesenktem Kopf, mit dem stolzen Gehorsam, mit dem ein Kavalier die Befehle seines Anführers entgegennehmen würde. War der Anführer eines Ritters nicht der Ritter mit dem wahrsten Mut? Alles, was hoch und ritterlich in dem alten Mann war, erhob sich, um ihn als Herrn anzuerkennen. Dass er nicht nur den Zöllnern und Sündern predigte, sondern auch mit ihnen aß und trank, war eine Anforderung seiner Mission; heutzutage--. Joel hörte das „gute Wort" mit einem verwirrten Bewusstsein über bestimmte Regeln der Ehrlichkeit, die am nächsten Tag eingehalten werden mussten, und einem Labyrinth aus Kronen und Harfen, das irgendwo dahinter leuchtete. Was einen unmittelbaren Zusammenhang zwischen den Lehren dieses Buches und „The Daily Gazette" betrifft, so wäre es pure Blasphemie, daran zu denken. Der Herr hielt diese alten Juden natürlich in seiner Hand; aber was die Wahlen im nächsten Monat angeht, das war eine ganz andere Sache. Wenn Joel die Geschichte aus dem Alltagsleben verbannte, brachte der Doktor sie zu Fall und hielt sie dort vor Gericht. Für ihn war es die Geschichte eines Reformators, der vor achtzehn Jahrhunderten ausgedient hatte. Konnte er diesen Tag dienen? Könnte er? Die Not war verzweifelt. Gab es in diesem von Bigotterie befreiten Christentum irgendetwas, um das schreckliche Problem zu lösen, dessen Lösung die Jahrhunderte Amerika überlassen hatten? Er bezweifelte es. Die Leute nannten diesen alten Knowles einen Ungläubigen und sagten, sein Gehirn sei ebenso unnatürlich und verzerrt wie sein Körper. Als Gott in dieser Nacht in sein Herz blickte, sah er den Wilden dort ringen und richtete ihn mit anderen Augen als ihren.

Die Geschichte blieb in seinem pochenden Gehirn lebendig und verlangte nach Gehör. Für diesen Mann waren alle Dinge real, diese unhöfliche Fleischmasse, über die seine Gefährten spotteten; Am realsten von allem ist der unvermittelte Schmerz des Lebens, der große brodelnde

Sumpf des stummen Elends in Straßen und Gassen, der Hilferuf der ausgehungerten Seelen der Welt. Sie und ich haben andere Arbeit zu tun, als zuzuhören – angenehmer. Aber er, als er aus dem Sumpf kam, seine Adern waren dick vom Blut einer verachteten Rasse, hatte deren Schmerz und Hunger mit sich getragen: Für ihn war es das Realste auf Erden – realer als sein eigener Anteil daran unsichtbarer Himmel oder Hölle. Angesichts der Realität, der Gefahr der unmittelbaren Not der Welt, versuchte er die angebotene Hilfe von Golgatha. Es war das Werk von Jahren, nicht von dieser Nacht. Wenn diejenigen, die den gekreuzigten Christus predigen, wie dieser Mann an ihm gezweifelt hätten, wäre ihre Arbeit im kommenden Himmel vielleicht höher – und unsere, die sie hören. Als das Mädchen mit dem Lesen fertig war, ging es an die kühle Luft. Der Doktor ging ohne Vorankündigung an ihr vorbei. Er ging auf seine schwerfällige Art den Hügel hinunter in die Stadt; Ich bin froh zu gehen; der Vertrauensvolle, der still und unterdrückt wartete, verspottete ihn. Es ließ ihn noch wütender gegen das Schicksal werden, und sein Herz wurde noch bitterer in seinem großen Mitleid. Lass ihn in die große Stadt gehen, mit ihren erstickenden Spielhöllen, ihren Negerställen, ihren schmutzigen Kellern – seinem Platz und seiner Arbeit. Wenn er blind gegen unüberwindbare Übel stolpert und stirbt, sind auch andere so gestolpert und gestorben. Glauben Sie, dass ihre Arbeit verloren geht?

Margret stand da und blickte auf die abfallenden Moore und den Nebel hinunter. Auch sie hatte ihren Platz und ihre Arbeit. Sie glaubte, es in dieser Nacht klar gesehen zu haben, und hielt, wie gesagt, den Blick darauf gerichtet. Sie stapften stetig durch die weite Jahre, die sich vor ihr öffneten. Was auch immer langsame, endlose Mühe in ihnen steckte, was auch immer die hungrige Einsamkeit oder die Grobheit der Taten sein mochte, sie sah alles und schreckte vor nichts zurück. Sie blickte auf die großen, blau gesäumten Adern in ihrem Handgelenk, die mit reinem Blut gefüllt waren, – schätzte kühl ihr Leben ein, ihre Ausdauerkraft – und wog es im Vergleich zu der Arbeit ab, die auf sie wartete. Keine kurze Aufgabe, das wusste sie. Bevor es fertig war, würde sie alt sein, eine ziemlich alte Frau, hart, mechanisch, abgenutzt. Aber der Tag würde so hell sein, wenn er kam, würde er für alle büßen: Der Tag würde hell sein, das Zuhause wieder warm; es würde alles enthalten, was das Leben ihr an Gutem versprochen hatte.

Alle? Oh, Margret, Margret! Gab es keinen mürrischen Zweifel an der mutigen Entschlossenheit? Gab es gerade keinen Schatten, dunkel, ironisch, der Vater und Mutter und das Zuhause auslöschte, der näher schlich und deiner Seele weniger fremd war als diese, als sogar dein Gott?

Wenn ein solch kalter, herrschaftlicher Schatten aus vergangenen Jahren aufstieg und sich an das wahrste Leben ihres Herzens klammerte, unterdrückte sie es und stieß es nieder. Und doch erinnerte sie sich, als sie am Tor lehnte und geistesabwesend nachdachte, an eine Zeit, als sie durch diesen Schatten hindurch mehr an einen Gott glaubte als jetzt. Als er mit der Hilfe dieser sehr toten Hoffnung ihr nahe stand, von dem sie heute Abend las, ein unendlich zärtlicher Helfer, der mit den unterschiedlichen menschlichen Lieben, die sie kannte, seine Mutter und Maria geliebt hatte. Daher ein Helfer. Jetzt, so sehr sie auch um Wärme oder gesunde Hoffnungen kämpfte, war die Welt grau und still. Die Natur ihrer besiegten Frau nannte es bitter so. Christus war eine dunkle, ideale Macht, der Himmel weit entfernt. Sie bezweifelte, dass darin etwas so Echtes war wie das, was sie verloren hatte.

Wie um ihr die alten Zeiten noch lebendiger vor Augen zu führen, ereignete sich einer dieser merkwürdigen kleinen Zufälle, mit denen das Schicksal unserer Meinung nach nichts zu tun hat. Sie hörte einen schnellen Schritt auf der Lehmstraße, und ein schlammiger kleiner Terrier sprang bellend neben ihr auf. Sie blieb mit einer Plötzlichkeit stehen, die in ihren langsamen Bewegungen seltsam war. "TIGER!" sagte sie und streichelte mit leidenschaftlichem Eifer seinen Kopf. Der Hund leckte ihre Hand und roch an ihrer Kleidung, um herauszufinden, ob sie dieselbe war: Es war zwei Jahre her, seit er sie gesehen hatte. Sie saß da und streichelte ihn sanft. Plötzlich hörte man das Geräusch von Rädern, die die Straße hinunterrollten, und eine Stimme sang Bruchstücke eines Liedes, eines dieser fröhlichen Straßenlieder, die die Jungen pfeifen. Es war eine tiefe, schwache Stimme, aber sehr angenehm. Margret hörte es durch die Dunkelheit: Sie küsste den Hund mit einer seltsamen Blässe im Gesicht und stand auf, still und aufmerksam wie zuvor. Tiger leckte immer noch ihre Hand, die an ihrer Seite hing: Sie war kalt und zitterte, als er sie berührte. Sie wartete einen Moment und schubste ihn dann von sich, als ob schon seine Berührung dazu führen würde, dass sie irgendein Gelübde brach. Er jammerte, aber sie eilte davon und wartete nicht darauf, zu erfahren, wie er gekommen war oder mit wem. Wenn Dr. Knowles ihr Gesicht gesehen hätte, als sie ihn ansah, hätte er vielleicht gedacht, dass es in ihrem Wesen Tiefen gab, die seine forschenden Augen nie erreicht hatten.

Die Räder kamen näher und sofort hielt ein Karren vor dem Tor. Es war einer dieser kleinen Wagen, die Krämer fahren; nur schien dies eine selbstgemachte Angelegenheit zu sein, die mit Korbgeflecht und Bretterstücken zusammengeflickt war. Es war voller Körbe mit Gemüse, Eiern und Hühnern, und auf einer kaputten Bank in der Mitte saß die Fahrerin, eine Frau. Man konnte sich das Lachen nicht verkneifen, wenn man sich die ganze Veranstaltung ansah, die insgesamt wie eine Behelfsaktion aussah. Die Zügel waren aus verdrehtem Seil, die Räder uneben. Es ruckelte so unbekümmert und fröhlich dahin, als ob es ihm überhaupt nichts ausmachen würde, wenn es jeden Moment auf der Straße auseinanderbrechen würde. Der Esel, der es zog, war knochig und auf einem Auge blind; aber er zwinkerte dir wissend zu, um dich zu fragen, ob du den Witz dahinter verstehst. Sogar die Stimme des Besitzers des Lokals, der ein müßiges Lied zwitscherte, gehörte, wie ich Ihnen bereits sagte, zu den fröhlichsten Geräuschen, die Sie je gehört haben. Joel, oben in der Scheune, vergaß seine Würde, es mit einem langgezogenen „ Hillo !" zu begrüßen. und erschien bald am Tor.

„Ich bin zu spät, Joel", sagte die schwache Stimme. Es klang wie das eines Kindes, ganz in der Nähe.

„Wir können im Dunkeln handeln, Lois, beide sind ehrlich", antwortete er gnädig, hob einen Korb mit Tomaten auf den Wagen und holte einen Krug Essig heraus.

„Ist das Lois?" sagte Mrs. Howth und kam zum Tor. „Sitz still, Kind. Geh nicht runter."

Aber das Kind, wie sie es nannte, war vom Karren geklettert und stand neben ihr, auf das Rad gestützt, denn sie war hilflos verkrüppelt.

„Ich dachte, du wärst heute Abend unten. Ich habe etwas Kaffee auf den Herd gestellt. Hol ihn raus, Joel."

Mrs. Howth hat nie den Schutzschild zwischen sich und diesem Mitglied der „Klasse" aufgebaut – vielleicht weil sie in der sozialen Skala so erbärmlich weit unten stand. Allerdings vermute ich, dass sie selbst gegenüber sich selbst nie einen Grund dafür angegeben hat. Niemand konnte anders, freundlich zu Lois zu sein, selbst wenn er es versuchte. Joel brachte den Kaffee bereitwilliger, als er Mrs. Howth erwartet hätte.

„Barney wird eifersüchtig sein", sagte er, tätschelte die nackten Rippen des alten Esels und warf einen wehmütigen Blick auf seine Herrin.

„Gib ihm bestimmt sein Abendessen", sagte sie und verstand den Hinweis.

Es war ein wahrer Genuss zu sehen, wie Lois ihr Abendessen genoss, wie sie den warmen Kaffee nippte und schmeckte, ihr Gesicht strahlte, wie eine Genießerin bei einem seltenen Falernier . Schon allein durch dieses kleine Ding können Sie sicher sein, dass ihr kein Funke Wärme oder Freude auf der Welt entgeht, den sie nicht auffängt, genießt und für den sie bis zum Äußersten dankbar ist. Man könnte vielleicht bemitleidenswerterweise denken, dass nicht viel Freude oder Wärme jemals so tief in ihre Reichweite sinken würde. Jetzt, da sie auf dem Boden stand, erreichte sie kaum die Höhe des Rades; Irgendeine Deformation ihrer Beine ließ sie mit einem merkwürdigen, rollenden Ruck gehen, was sehr komisch anzusehen war. Sie lachte darüber, während andere es taten; Wenn es sie überhaupt ärgerte, zeigte sie es nie. Sie hatte ihre Kattun-Sonnenhaube zurückgeschlagen und blickte zu Mrs. Howth und Joel auf und lachte, während sie mit ihr redeten. Das Gesicht eines so alten und verkrüppelten Körpers hätte einen erschreckt. Es war das Gesicht eines Kindes, schnell, eifrig, mit dieser erbärmlichen Schönheit, die man immer bei deformierten Menschen sieht. Ich glaube, ihre Augen waren die freundlichsten und hoffnungsvollsten , die ich je gesehen habe. Nichts außer der fahlen Dicke ihrer Haut verriet die Tatsache, die Lois selbst von den Ärmsten unterschied – der Makel in ihren Adern aus schwarzem Blut.

„ Wer ! Ist das nicht dieser Tiger?" sagte Joel, während der Hund heulend um ihn herumlief. „Wie kam es ? Bist du bei ihm, Lois?"

„Tiger und die guten Freunde seines Herrn von mir – Sie erinnern sich, dass sie das alles waren. Und er ist jetzt zurück, Mr. Holmes – schon seit einem Monat zurück."

Margret, die mit ihrem Vater auf der Veranda spazieren ging, blieb stehen.

„Bist du müde, Vater? Es ist spät."

„Und du bist erschöpft, armes Kind! Es war egoistisch von mir, es zu vergessen. Gute Nacht, mein Lieber!"

Margret küsste ihn und lachte fröhlich, während sie ihn zu seiner Zimmertür führte. Er blieb stehen und hielt ihr Kleid.

„Vielleicht wird es Ihnen morgen leichter fallen als heute?" zögernd.

„Ich bin mir sicher, dass es so sein wird. Morgen wird es sicher besser sein als heute."

Sie verließ ihn und ging mit einem Schritt davon, der nicht das Versprechen ihrer Worte widerspiegelte.

Joel beriet sich unterdessen getrennt mit seiner Geliebten.

„Natürlich", sagte sie mit Nachdruck . „Du musst bis zum Morgen bleiben, Lois. Es ist zu spät. Joel wird dir ein Bett auf dem Dachboden zuwerfen."

Der seltsame kleine Körper zögerte.

„Ich kann bleiben", sagte sie schließlich. „Heute Nacht ist seine Wache in der Mühle."

„Wessen Uhr?" forderte Joel.

Ihr Gesicht hellte sich auf.

„Vaters. Er ist zurück, Mama.“

Joel ertappte sich bei einem Pfiff.

„Er ist sehr steif , Joel – genauso steif wie du .“

„Ich bin sehr froh, dass er zurückgekommen ist, Lois“, sagte Mrs. Howth ernst.

Tag gewesen war, hatte sie ihr eine gute Nachricht erzählt, und an jedem Ort wurde sie mit dem gleichen freundlichen Lächeln und „Ich bin froh, dass er zurück ist, Lois“ begrüßt.

Doch Joe Yare, frisch von zwei Jahren im Gefängnis, war nicht gerade die Person, die die Gesellschaft normalerweise mit offenen Armen empfängt. Lois hatte vielleicht eine vage Ahnung davon; denn während sie den Weg entlang humpelte, fügte sie Joel zu ihrer eigenen Gewissheit über seine „ Stabilität “ ernsthafte Erklärungen hinzu, wie er einen Platz in den Wollspinnereien in der Croft Street hatte und wie Dr. Knowles gesagt hatte, er sei ebenso bereit dafür Heizer wie jeder andere in den Ofenräumen.

Der Klang ihrer schwachen, eifrigen Stimme verstummte plötzlich, und nichts brach die einsame Kälte der Nacht.

KAPITEL III.

Der Morgen, als er lange danach kam, kam ruhig und kühl – die warme rote Morgendämmerung wurde hilflos von großen Wellen grauer Wolken erstickt. Margret blickte in den dichten Nebel hinaus, legte sich müde wieder hin und schloss die Augen. Was war der Tag für sie?

Ganz langsam wurde die Nacht zurückgedrängt. Als sie eine Stunde später den Kopf wieder hob, glitzerten die Sterne immer noch wie messingblaue Funken durch den nebligen Bogen, und Hügel und Täler waren eine treibende, langsam wogende Masse ascheiger Feuchtigkeit. Im Osten tastete sich ein erstickter roter Film hindurch. Es kam ein weiterer Tag; sie könnte genauso gut aufstehen und den Rest ihres Lebens verbringen ; – was hatte sie sonst zu tun?

Was auch immer diese Nacht für das Mädchen bedeutet hatte, in der erschöpften Stille ihres Gehirns hinterließ sie einen klaren, lebendigen Gedanken: eine feige Angst vor der Prüfung des Tages, wenn sie ihn wiedersehen würde. War der alte Kampf der Jahre vor der Rückkehr? Sollte alles noch einmal passieren? Sie war erschöpft. Sie war in diesen zwei Jahren still gewesen: Auf das, was zuvor geschehen war, blickte sie nie zurück; Aber es machte sie selbst für diese dumme Stille dankbar. Und jetzt, wo sie ihr Leben geplant hatte, beschäftigt, nützlich, zufrieden, warum sollte Gott ihr dann den alten Gedanken geschickt haben, um sie zu verspotten? Ein wildes, Übelkeit erregendes Gefühl von dem, was hätte hochgekämpft werden können: Sie warf es weg, – sie hatte es die ganze Nacht unten gehalten; Der alte Schmerz sollte nicht zurückkommen – er sollte nicht zurückkommen. Sie betrachtete die Liebe, die sie aufgegeben hatte, nicht als einen Traum, wie es Versschreiber oder Scheinmenschen tun; Sie wusste, dass es der schnelle Samen ihrer Seele war. Sie weinte sogar jetzt mit der ganzen wilden Kraft ihrer Natur danach; es war das Beste, was sie wusste; dadurch kam sie Gott am nächsten. Als sie an den Tag dachte, an dem sie es aufgegeben hatte, erinnerte sie sich daran mit einem vagen Bewusstsein, dass sie einen tödlichen Kampf mit ihrem Schicksal gekämpft hatte und dass sie besiegt worden war – nie wieder gelebt hatte. Lass es sein; sie konnte den Kampf nicht noch einmal ertragen.

Sie kleidete sich weiterhin auf eine trostlose, mechanische Art und Weise. Einmal erschien ein bitteres Lachen auf ihrem Gesicht, als sie in das Glas schaute und die toten, trüben Augen und die Falte auf ihrer Stirn sah. War das das Gesicht, das mit zarten Zärtlichkeiten und Liebe gekrönt werden sollte? Für einen Moment verachtete sie sich selbst, hatte genug von sich selbst, sträubte sich und wurde in ihrem wahren Leben, so wie sie war, vereitelt. Andere Frauen, die Gott genug geliebt hat, um die Tiefen ihrer

Natur zu erforschen , haben das Gleiche getan – sie sahen sich selbst so, wie andere sie sahen: Ihre Kraft versiegte in ihnen, sie wurden verspottet, sie waren völlig allein. Es ist eine Prüfung, über die wir lachen. Ich denke, die flinken Schwuchteln auf dem Scheiterhaufen waren geeignetere Themen zum Lachen als der langsam nagende Hunger im Herzen mancher beleidigter Frauen oder selbstsüchtiger Männer. Sie gehen aus der Prüfung wie aus dem Märtyrertum hervor, entsprechend ihrem Glauben: Man sieht seine Spuren manchmal in einem leichtfertigen Alter, das mit kitschigen Hoffnungen und ausgehungerten Augen dem Grab entgegengeht; Sie sehen seinen Sieg im frischesten und erfülltesten Leben auf der Erde. Diese Frau hatte ihren Prozess akzeptiert, aber sie nahm ihn als ein unnachgiebiges Schicksal hin, das sie nicht verstand; es war neu für sie; seine Einsamkeit, sein hoffnungsloser Durst waren frisch bitter. Sie verabscheute sich selbst als eine Person, die Gott für unwürdig gehalten hatte , das Recht jeder Frau zu lieben und geliebt zu werden.

Sie ging zum Fenster und blickte ausdruckslos in die graue Kälte hinaus. Jeder mit einem scharfen analytischen Auge, der die dünnen Muskeln dieser Frau, das hervorstehende Gehirn und die tiefen, verborgenen Augen bemerkt hätte, hätte vorhergesagt, dass sie im Kampf siegen würde; Sie würde ihre Seele niederdrücken, aber das Niederdrücken würde den schwachen, schlaffen Körper erschöpft und tot zurücklassen. Eines war sicher: Kein neugieriges Auge würde den Kampf sehen; Der Körper mochte kraftlos oder kränklich sein, aber er hatte die große Kraft der Zurückhaltung; Die Ruhe, mit der sie dem nächsten Blick entgegentrat, war für sie natürlich – keine Maske. Als sie ihr Zimmer verließ und nach unten ging, stabilisierte dieselbe unveränderte Stille, die Knowles verwirrt hatte, ihren Schritt und kühlte ihre Augen.

Nachdem Sie sich für andere geopfert haben, ist Ihnen jemals aufgefallen, wie leicht Sie, sobald die Tat unwiderruflich war, daran zweifelten, ob dies überhaupt der Fall war ? Lohnt es sich, es getan zu haben? Wie gemein scheint das gewonnene Gute zu sein! Wie neu und unvorstellbar die Qual leerer Hände und unterdrückter Wünsche! Manchmal sind die Engel, die zum Dienst geschickt werden, sehr langsam!

Als Margret an diesem Morgen die Treppe hinunterging, fand sie in ihrem Haus nichts von dem ritterlichen, selbstlosen Glanz der Nacht zuvor. Es war ein altes, kahles Haus inmitten trostloser Stoppelfelder, in dem ihr Leben langsam ausklingen sollte: Arbeiten für diejenigen, die sie nicht verstanden; dankte ihr wenig, das war alles. Es hat nichts ausgemacht; Das Leben war kurz: Zumindest dafür konnte sie Gott danken.

Sie öffnete die Haustür. Ein Hauch kalter Morgenluft wehte von Westen her auf ihr Gesicht; es hatte den Nebel in großen grauen Bänken auf die Hügel oder in schimmernden Sümpfen in die zerklüfteten Senken getrieben: eine undeutliche Dämmerung erfüllte den freigebliebenen Raum. Tiger, der im Flur schlief, stürzte bellend, wild vor Frische und Kälte, auf die Wiese hinaus, dann wieder zurück, um ihr lautstark einen guten Morgen zu wünschen. Die Berührung des Hundes schien sie seinem Herrn näher zu bringen; sie steckte ihn weg; Sie wagte es nicht, auch nur diesen Verrat an ihren Absichten hinzunehmen: Gerade die Umstände, die sie gezwungen hatten, ihn aufzugeben, ließen es schwache Feigheit sein, sich wieder umzudrehen. Es war eine einfache Geschichte, die sie sich jedoch nicht selbst zu erzählen wagte; denn sie hatte das Opfer nicht nur um ihres Vaters willen gebracht. Sie wusste, dass sie, obwohl sie diesem Mann Holmes wie seiner eigenen Seele nahe stehen mochte, ihm im Weg stand, ihn zurückhielt. Also war sie ruhig beiseite getreten, hatte ihre eigene einsame Bürde auf sich genommen und ihm sein klares, selbständiges Leben überlassen – mit seinem Selbst, das ihm lieber war, als sie es jemals gewesen war. Warum sollte es nicht teurer sein? Sie dachte – sie erinnerte sich an den Mann, wie er war, ein Meister unter Männern: geeignet, ein Meister zu sein. Sie, was war sie im Vergleich zu ihm? Er war wieder zurück; sie muss ihn sehen. Also stand sie da und diese anhaltende Angst ging ihr durch den Kopf.

Plötzlich hörte sie auf der Gasse neben dem Haus eine Stimme, die mit Joel sprach, dem Krämermädchen. Was für ein schwacher, fröhlicher Klang in der Kälte und im Nebel! Es berührte sie seltsam: durchbrach ihre krankhaften Gedanken, wie es alles Wahre und Gesunde hätte tun sollen. „Arme Lois!" dachte sie voller Mitleid und vergaß für einen Moment ihre eigene unerträgliche Zukunft, während sie sich etwas Frühstück besorgte und damit die Gasse hinunterging. Der Morgen war gekommen; Große, schwere Lichtbalken fielen hinter den Hügeln durch die Ufer aus grauem und schwarzem Nebel; in den Schatten herrschte wechselnder, unruhiger, hartnäckiger Tumult; Sie hatten nicht die Absicht, der kommenden Morgendämmerung nachzugeben. Die Hügel, die dichten Wälder, der Nebel stellten sich verächtlich ihrer unbeweglichen Front entgegen. Margret bemerkte den stillen Wettbewerb erst, als sie die Gasse erreichte. Das Mädchen Lois, das in ihrem Karren saß, beobachtete aufmerksam das langsame Aufwallen der Schatten und das langsamere Ansteigen der schrägen Strahlen.

„Der Morgen wird großartig, Miss Marg'et !" sagte sie und senkte ihre Stimme.

Margret antwortete nichts; Der Morgen, dachte sie, war grau und kalt, wie ihr eigenes Leben. Sie stand da, auf den niedrigen Karren gelehnt; Eine seltsame Sympathie zog sie zu diesem armen, zwergenhaften, allein auf der Welt stehenden armen Kerl – eine Art Gleichberechtigung, die weder das seltsame Kindergesicht noch die seltsame Zufriedenheit, die das Geschöpf umgab, minderten. Selbst als Lois den geflickten Saum ihres Flanellkleides glatt herunterzog und die Mais- und Tomatenhaufen um sich herum verteilte, um sich auf den Start vorzubereiten, behielt Margret ihre Hand am Wagenrand und ging langsam an ihm vorbei die Straße hinunter. Als sie das Mädchen einmal ansah, dachte sie mit einem halben Lächeln, wie seltsam sauber sie war. Der Flanellrock, den sie so selbstgefällig arrangierte, war so lange gewaschen worden, bis die Farben vor lauter Verzweiflung wie verrückt ineinander übergegangen waren; Ihr Haar war mit unerbittlicher Strenge zu einem Kamm zusammengebunden, wie ihn alte Frauen tragen. Der Wagen selbst, so geflickt er auch war, sah gemütlich und gemütlich aus; Die Massen an Gemüse, grün, purpurrot und scharlachrot, waren mit einer gewissen Anspielung auf das Leuchten der Farbe gehäuft , bemerkte Margret und fragte sich, ob das Zufall war. Als sie aufblickte, sah sie die braunen Augen des Mädchens auf ihr Gesicht gerichtet. Sie waren einzigartig weich und grüblerisch braun.

Gehen Sie zur Mühle , Miss Marget ?" fragte sie halb flüsternd.

„Ja. Gehst du jetzt nie dorthin, Lois?"

„Nein, ich."

Das Mädchen schauderte und versuchte dann, es in einem Lachen zu verbergen. Margret ging neben ihr her, ihre Hand auf der Kante des Karrens. Irgendwie kam dieses Geschöpf, das die Natur ungeduldig als Versager beiseite geworfen hatte, so verdorben und unvollkommen, dass sogar die Hunde freundlich zu ihr waren, ihr seltsam nahe und verlangte von einem subtilen Instinkt, es zu erkennen.

Teils aus diesem Grund, teils in dem Bemühen, sich selbst zu vergessen, warf sie einen verstohlenen Blick auf das kindliche Gesicht des verzerrten kleinen Körpers und fragte sich, welchen Eindruck die wechselnde Morgendämmerung auf die unvollendete Seele machte, die so aufmerksam durch die braunen Augen blickte. Welchen künstlerischen Sinn hatte sie – was konnte sie – der unwissende Krämer – von den ewigen Gesetzen der Schönheit oder Erhabenheit wissen? Nichts. Doch irgendetwas im Gesicht des Mädchens ließ sie denken, dass diese Hügel, diese Luft und dieser Himmel für sie tatsächlich lebendig waren – real; dass ihre Seele, die möglicherweise niedriger war als unsere, näher an der Natur lag, die Sprache des wechselnden Tages kannte, dieser ernsten Hügel, der Würmer, die durch den braunen Schimmel krochen . Es war eine müßige Einbildung; Margret lachte darüber und drehte sich um, um den langsamen Morgenkampf zu beobachten, dem Lois mit so eifrigen Augen folgte.

Das Licht war siegreich. Das sanfte, taufrische Blau kroch sanft den grauen Bogen hinauf, wurde tiefer und breiter; Darunter fielen die ebenen

Lichtbalken voll auf das düstere Schwarz des Westens und wirkten dort unerschrocken, indem sie es mit Purpur und kaiserlichem Purpur färbten. Zwei oder drei schüchterne Nebelwolken, die sich bald zu der neuen Loyalität bekehrten, trieben schwindlig umher, bloße Flocken rosiger Röte. Der Sieg des Tages kam langsam, aber sicher, und dann errötete der volle Morgen, frisch mit Feuchtigkeit und leichtem und zartem Duft. Die Sonnenstrahlen fielen von den steilen Hügeln wie spitze Schwerter auf die untere Erde; Der neblige Sumpf aus nassem Dampf bebte und brach, so berührt, erhob sich schließlich, hinterließ Flecken feuchten Glanzes auf den Feldern und schwebte majestätisch in strahlenden Siegerwolken empor, geführt vom siegreichen Wind. Der Sieg: Es war im kalten, reinen Äther, der die Himmel erfüllte, in der feierlichen Freude der Hügel. Die großen Wälder erschauern im sanften Licht, der sehr schläfrige Fluss erwacht unter dem Nebel, begleitet von einem ernsten Bass in der ansteigenden Hymne der Begrüßung des neuen Lebens, das Gott der Welt frisch geschenkt hat. Von der Sonne selbst, die als Bräutigam aus seinem Gemach hervortrat, bis zu den flackernden Regentropfen auf der Königskerze am Straßenrand schien die Welt zu jubeln und über den Sieg zu jubeln. Heimelige, fröhlichere Klänge durchbrachen die umrissene Erhabenheit des Morgens, auf den Margret müde blickte. Lois hat keinen von ihnen verloren; Kein krankhafter Schatten ihres eigenen, zurückhaltenden Lebens verheimlichte deren Bedeutung.

Das Licht spielte auf dem gehäuften Gemüse im alten Karren; Die knochigen Beine des Esels trabten mit frischer Kraft weiter . In den fernen Ställen gab es keine brühende Kuh, keine zwitschernde Schwalbe auf den Zaunbüschen, die nicht das eifrige Gesicht des kleinen Krämers in ihre Morgengrüße einzubeziehen schienen. Kein goldener Löwenzahn am Straßenrand, kein Plätschern des plätschernden braunen Wassers aus den Brunnentrögen, das dem strahlenden Gesicht keine schnellere Freude bereitete. Sein seltsamer Inhalt schmerzte die Frau, die an ihrer Seite ging. Welches Geheimnis der Vergeltung hatte der arme Kerl entdeckt?

„Dein Vater ist hier, Lois", sagte sie nachlässig, um das Schweigen zu brechen. „Ich habe ihn gestern in der Mühle gesehen."

Ihr Gesicht entzündete sich sofort.

„Er ist zu Hause, Miss Margret , – ja. Und es ist alles in Ordnung mit ihm. Irgendwann wird alles gut", fügte sie nachdenklich hinzu und wischte eine Fliege von Barneys Ohr.

Margret lächelte.

„Immer? Wer bringt sie dir richtig, Lois?"

„Der Meister", sagte sie und drehte sich mit einem antwortenden Lächeln um.

Margret war gerührt. Der Besitzer der Mühle war für dieses Mädchen keine realere Realität als der Meister, von dem sie mit so stillem Wissen sprach.

„Ist in der Mühle alles in Ordnung?" sagte sie und stellte sie auf die Probe.

Ein Schatten erschien auf ihrem Gesicht; Ihre Augen wanderten unsicher, als wäre ihr schwaches Gehirn verwirrt – nur für einen Moment.

„Sie werden gleich kommen!" sagte sie mutig. „Der Meister wird dafür sorgen!"

Aber das Licht war aus ihren Augen verschwunden; ein alter Schmerz schien durch ihren engen Gedanken zu strömen; und als sie zu reden begann, war es verwirrt und zweifelnd.

„Es ist ein schwarzer Ort, die Mühle", sagte sie mit leiser Stimme. „Es dauerte eine ganze Weile, bis ich dort war: von sieben bis sechzehn Jahren . Es kam mir länger vor als es war. Es kam mir vor, als ob ich schon ewig dort gewesen wäre , weißt du . „Bevor ich reinkam, hatte ich Rachitis, sagen sie: Das ist es, was mir wehtut. „Es hat mir am Kopf wehgetan, haben sie mir gesagt, – ich habe mich von anderen Leuten unterschieden."

Sie hielt einen Moment inne, mit einem dummen, hungrigen Ausdruck in ihren Augen. Nach einer Weile blickte sie Margret verstohlen und mit jämmerlichem Eifer an.

„Miss Marg'et , ich glaube, in meinem Kopf stimmt etwas nicht. Hat YOH es jemals bemerkt?"

Margret legte freundlich ihre Hand auf die breite, unförmige Stirn.

„Überall stimmt etwas nicht, Lois", sagte sie abwesend.

Sie sah nicht den langsamen Seufzer, mit dem das Mädchen die gerade aufgekeimte Hoffnung unterdrückte, sondern hörte halb aufmerksam zu, wie der Krämer weiterschlenderte.

„Es war die Mühle", sagte sie schließlich. „Ich bin im Laufe der Jahre sozusagen an diesen Ort herangewachsen: Mir kam es irgendwie vor, als wäre ich ein Teil der Motoren . Früher war die Luft in meinem Mund dick, schwarz von Rauch und Wolle ' riecht.

„In diesen Jahren war ich in meinem Kopf benommen, glaube ich. Das war die Luft und die Arbeit. Ich war immer schwach . Das Geräusch der Webstühle ging in meinem Kopf weiter Nacht und Tag, – allus thud, thud. An heißen Tagen, als die Hände scheuerten und sangen , waren die schwarzen Räder und Rollen am Leben und starrten auf mich herab , n Die Schatten der Webstühle waren wie schleichende Schlangen , die sich die ganze Zeit annähern . Sie waren sehr gut für mich, die Hände waren – sehr gut . Es gibt jede Menge Meisterwerke Die Leute dort unten, obwohl sie nie seinen Namen gehört haben: Prediger gehen nicht dorthin. Aber er wird dafür sorgen. Er wird ihnen nicht schaden, ihn zu verfluchen , da sie sein Gesicht nicht kennen. Ich dachte , er gehört zum Adel. Ich wusste , dass es genau zu mir kommen würde , als die Zeiten am schlimmsten waren . Ich wusste es"———

Die Hände des Mädchens arbeiteten zusammen, ihr Blick war fest, all die langsamen Jahre des Verfalls, die sich in ihr Gehirn gefressen hatten, stiegen vor ihr auf, all das verdorbene Blut in ihren Adern von Jahrhunderten der Sklaverei und des Heidentums kämpfte darum, sie niederzureißen. Aber vor allem erhob sich klar und einfach die Hoffnung: das Vertrauen in den Meister: und leuchtete in ihrem vernarbten Gesicht – durch ihre geschädigten Sinne.

„Ich wusste, dass es richtig kommen würde, allus . Ich war damals allein: Mutter war tot und Vater war weg, und der Herr dachte, es sei an der Zeit, sich um mich zu kümmern – besonders, da der Aufseher mich erwischte und betrat das Armenhaus. Also schickte er Mr. Holmes mit. Dann kam es richtig!"

Margret sagte nichts. Sogar dieses Mühlenmädchen konnte über ihn sprechen und für ihn beten; aber sie darf seinen Namen niemals auf ihre Lippen nehmen!

„Er hat den Karren für mich, diesen gesegneten alten Esel und mein Zimmer. Haben Sie jemals mein Zimmer gesehen, Miss Margret ?"

Ihr Gesicht erhellte sich plötzlich mit diesem eigentümlichen kindlichen Lächeln.

„Nein? Du wirst sicherlich eines Tages kommen ? Es ist ein dürftiger Ort, denkst du , aber es hat die Luft , die Luft."

Sie hielt inne, um den kalten Morgenwind einzuatmen, als glaubte sie in seiner wilden Frische das Leben und den Verstand zu finden, die sie verloren hatte.

„ Es gibt Orte in diesen Gassen und dunklen Löchern, Miss Marget ,
wie der Eingang zur Hölle, mit den dicken Gerüchen und den
Sehenswürdigkeiten , die man sehen würde."

Sie kehrte mit einem schrecklichen, anhaftenden Mitleid in die
Gehenna zurück, aus der sie geflohen war. Das Übel des Lebens war für sie
real – ein hungriger Teufel unten in diesen Gassen und Höhlen. Margret
hörte zu und erwachte widerstrebend mit dem Gefühl eines anderen
Schmerzes in der Welt als ihrem eigenen – tieferen Tiefen, aus denen sich
Frauen wie sie sanft zurückziehen und ihre hauchdünnen Kleider
hochheben.

„Miss Marg'et !"

Ihr Gesicht blitzte.

„Na, Lois?"

„Der Meister hat seine Leute ganz unten unter sich, das ist nichts für
Leute, mit denen man reden kann. Er kennt sie : Männer und Frauen, die
verhungert und betrunken in Gefängnisse und Arbeitshäuser gesteckt
wurden." Verachtung, feige oder gemein zu sein – das zeigt die Güte Gottes,
durch den Whisky und die Diebe , gegenüber den Waisen oder – wie mir. Es
gibt Dinge , die der Meister an ihnen mag, und zwar nicht. Es wird schon
klappen, es wird endlich klappen; sie werden eine Chance haben –
irgendwo."

Margret sprach nicht; Lass das arme Mädchen in die Stille schluchzen.
Was hatte sie mit dieser Kluft aus Schmerz und Unrecht zu tun? Ihr eigenes
höheres Leben war ausgehungert und vereitelt. Könnte es sein, dass das Blut
dieser ihrer Brüder vom Boden aus gegen SIE rief? Kein Wunder, dass das
Krämermädchen schluchzte, dachte sie, oder Häresie redete. Es war nicht
leicht zu sehen, wie sich eine Mutter ins Grab trank. Und doch – war sie
schuld? Ihr Virginia-Blut war kühl und vornehm; Sie hatte den
Konservatismus in die Wiege gelegt. Das Leben im Westen hatte ihren Puls
noch nicht beschleunigt. Also legte sie jedes soziale Geheimnis oder Unrecht
beiseite, mit dem sie bei diesem Mädchen konfrontiert wurde, so wie Sie oder
ich es getan hätten. Sie musste ihren eigenen Schmerz ertragen. War sie die
Hüterin ihres Bruders? Es stimmte, es war Unrecht; die Seele dieser Frau war
davon zerschmettert; Es war die Schuld ihres Blutes, ihrer Geburt, und die
Gesellschaft hatte das Werk vollendet. Wo war die Hilfe? Sie war frei – und
Freiheit, sagte Dr. Knowles, sei das Heilmittel für alle Krankheiten der Seele,
und –

Nun, Lois war jetzt ruhig – bereit, sich auf eine Dissertation über
Barneys Laster und Tugenden einzulassen, oder auf ihr Zimmer, wo „ die

Luft so stark war und das Obst und Gemüse alles frisch blieb – am liebsten drin". DIESE Stadt", sagte sie mit lebhaftem Stolz.

Sie gingen weiter die Straße hinunter, manchmal durch die Maisfelder oder am Flussufer entlang, oder manchmal entlang der Obstgärten oder Scheunenhöfe der Bauernhöfe. Sie bemerkte, dass die Zäune gut gebaut waren – die Scheunen breit und gemütlich aussehend: denn diese Grafschaft in Indiana wird im Allgemeinen von Neu-Engländern oder Pennsylvanianern besiedelt. Beide hinterlassen ihre Spuren in Scheunen oder Feldern, das kann ich Ihnen sagen! Die beiden Frauen unterhielten sich die ganze Zeit. In seinem ganzen Leben hatte Dr. Knowles noch nie von diesem schweigsamen Mädchen so offene und eifrige Worte gehört, wie sie dem Krämer über dürftige, alltägliche Dinge sprach – teils, wie gesagt, aus der Hoffnung, sich selbst zu vergessen, teils aus einer vagen Ahnung Neugier, die seltsame Welt kennenzulernen, die sich ihr in diesem zusammenhangslosen Gespräch eröffnete. Sie sah, dass es im Leben dieser Lois keine krankhaften Schatten gab. Ihre Schmerzen und Freuden waren äußerst real, wie die ihrer Klasse. Wenn in ihrem verzerrten Gehirn latente Kräfte vorhanden waren, die durch das erbliche Laster des Blutes oder durch schlechte Luft und Leben erstickt waren, wusste sie nichts davon. Sie prüfte nie ihre eigene Seele mit heftiger Selbstverachtung, wie es diese stille Frau an ihrer Seite tat, sondern akzeptierte stattdessen den vergänglichen Moment mit großer Freude. Im Übrigen vertraute er kindisch „dem Meister".

Jetzt zum Beispiel genau diese Fahrt – obwohl sie, der Karren und Barney jeden Tag die gleiche Routine durchlebten, hätte man es für einen neuen Leckerbissen für einen besonderen Feiertag halten können, wenn man die vollkommene Hingabe gesehen hätte, mit der sie alle unterwegs waren stürzten sich in den Spaß an der Sache. Nicht nur die Haufen rubinroter Tomaten und Mais in zartgrünen Hüllen zitterten und glänzten, als würden sie das frische Licht und den Tau genießen, sondern der alte Esel spitzte auch die Ohren, krümmte seinen dürren Hals und versuchte so auszusehen ein übermütiges Ladegerät, wie er nur konnte. Dann kannte jeder auf der Straße Lois, und sie kannte jeden, und es herrschte gegenseitige Sympathie und ständiger Scherz, vielleicht nicht sehr raffiniert, aber herzlich und freundlich. Für Margret war es eine neue Seite des Lebens. Sie hatte keine Zeit für Gedanken an Selbstaufopferung oder Ritterlichkeit, ob alt oder modern, als sie das sah. Es war eine sehr anstrengende Fahrt – auf jedem Bauernhof gab es etwas zu tun: einen Korb mit Eiern zum Mitnehmen oder vielleicht ein paar Auberginen, die Lois nebeneinander legte, wie Margret bemerkte – die perlweißen Kugeln schlossen sich zum Haufen königlichen Purpurs. Egal wie klein der Korb war, für den sie anhielt, er brachte zwei oder drei heraus, um ihn hineinzulegen; denn Lois und ihr Karren waren für die einsamen Bauernhäuser das Ereignis des Tages. Die Frau kam heraus, ihr Gesicht glühte vom Ofen, und sie machte besorgte Anschuldigungen wegen der Butter; Der alte Mann rief sie aus der Scheune, um zu erfahren, ob sie gestern daran gedacht hätte, in die Post zu schauen . und der eine oder andere fügte sicher hinzu: „ Jes ' Zeit zum Frühstück, Lois." Wenn sie keine Körbe hatte, für die sie anhalten konnte, hatte sie „ein bisschen zu tun", was sich als eine Zeitung herausstellte, die sie für den Großvater mitgebracht hatte, oder als etwas frische Minze für das Baby, oder als „ich wollte mich weiter erkundigen " . familiär .

Die Menge, die der Wagen transportierte, war für Lois ein ewiges Rätsel. Seitdem sie und der Karren eine Partnerschaft eingegangen waren, war sie jeden Tag in die Stadt gegangen, mit der absoluten Gewissheit, dass der Karren in fünf Minuten kaputt gehen würde, und mit einem triumphalen Glauben an seine unbegrenzte Lebensdauer. „Dieser Wagen wird noch viele Jahre lang mit der richtigen Seite nach oben stehen", versicherte sie immer kopfschüttelnd. „ Es hat nicht mehr die Absicht, aufzugeben als ich und Barney – nicht im Geringsten." Margret hatte ihre Zweifel – und Sie auch, wenn Sie gehört hätten, wie es unter der Last knarrte, wie sie in großen Strohkisten Äpfel stapelten: schwarze Äpfel mit gelben Herzen, scharlachrot geädert, – goldene Pippin-Äpfel, die das hielten Wärme und Licht am längsten, – rotbraune Äpfel mit einer heißen Röte auf ihrer rauen braunen Schale, – Pflaumen, die in ihrer zarten violetten Blüte kalt leuchten, – Pfirsiche mit dem purpurnen Samt ihrer Wangen, die in der gefangenen Hitze von hundert Sommertagen erstrahlen.

Ich wünschte von ganzem Herzen, dass mir jemand Lois und ihren Wagen malen würde! Mr. Kitts, der damalige Künstler der Stadt, sah es jeden Tag an seinem Zimmer an den Kohlengruben vorbeiziehen und dachte ernsthaft darüber nach. Aber damals hatte er sein großes Schlachtgerät zur Hand – und danach ging er den Weg aller Genies und widmete sich dem Kolorieren als Fotograf. Er traf sie an diesem Tag draußen am Steinbruch, berührte seinen Hut, als er Lois' „Guten Morgen" erwiderte, und nahm ihr ein paar große Pfoten ab. Sie war eine Frau, wissen Sie, und er hatte einige der altmodischen Vorstellungen des Schulmeisters über Frauen. Er war eine kränklich aussehende Seele. Eines Tages hatte Lois ihn sagen hören, dass es auf dem Haus seiner Mutter in Ohio Papayas gab ; Daher brachte sie ihm von da an jeden Tag welche mit. Sie gehörte zu den Menschen, die geben müssen, wenn es nichts Besseres als eine Kentucky-Banane gibt.

Nachdem sie den Steinbruch passiert hatten, ließen sie das Land hinter sich und stiegen die mit Stoppeln bedeckten Hügel hinab, die die Stadt umzäunten. Sogar in den engen Gassen und durch die Lagerhäuser war die starke, taufrische Luft weit nach unten geweht und hatte den Nebel und Staub verdrängt. Der Morgen (Stadtmorgen zwar, aber immer noch Morgen) leuchtete in den roten Fensterscheiben, im aufsteigenden Rauch in der frostigen Luft, in den leuchtenden Gesichtern der Menschen, die mit blau gespitzten Nasen und blauen Augen vom Markt eilten mit Kälte gießen. Lois und ihr Karren, an dem der frische Atem des Landes hing, waren schließlich gar nicht so fehl am Platz. Die Hausmädchen ließen die Stufen halb geschrubbt zurück und halfen ihr, den Mais und die Bohnen abzumessen, wobei sie eifrig klatschten; die Zeitungsjungen „Hi-d!" freundlich und gönnerhaft auf sie ein; Frauen in rostigem Schwarz mit scharfen, blassen Gesichtern hoben ihre Körbe, in denen normalerweise ein dürres Stück Holz lag, auf das Rad, und ihr geflüstertes Feilschen endete meist mit einem leisen „Danke, Lois!" – denn sie verkaufte billiger für einige Leute als auf dem Markt.

Lois war Lois in der Stadt oder auf dem Land. Eine subtile Kraft lag in dem groben , verzerrten Körper, im Gesicht des flehenden Kindes, um überall, wo sie hingingen, dasselbe neugierige, freundliche Lächeln hervorzurufen. Ich glaube nicht, dass dieser stumme, mitleiderregende Blick, der bei Missbildungen häufig vorkommt und schreit: „Erbarme dich meiner, o mein Freund, denn die Hand Gottes hat mich berührt!" – eher ein tieferer, mächtigerer Zauber: ein Vertrauensverlust in den schmutzigen Fragmenten ihres Gehirns, selbst in der bittersten Stunde ihres nackten Lebens, ein Glaube , Glaube an Gott, Glaube an ihre Mitmenschen, Glaube an sich selbst. Keine Menschenseele weigerte sich, seinem Ruf zu folgen. Unten in den dunklen Gassen, in den abscheulichsten schwarzen und weißen Kerlen, die sich manchmal um ihren Karren drängten, herrschte ein undefinierbares Gefühl des Stolzes, diesen Kerl zu beschützen, dessen Anteil am Leben dürftiger und niedriger war als ihrer. Etwas in ihnen kämpfte empor, um dem Vertrauen in den mitleiderregenden Augen zu begegnen – etwas, das es verachtete, das Vertrauen zu verraten – eine christusähnliche Kraft in ihren Seelen, erstickt, sterbend, unter dem Schmutz ihres Lebens und dem Schrecken der Hölle. Ein Etwas in ihnen, das niemals verloren geht. Wenn der große Geist der Liebe und des Vertrauens lebt, ist er nicht verloren!

Selbst in der Kälte und Stille der Frau, die an ihrer Seite ging, tat es gut, die heimelige Kraft des armen Krämers zu stärken. Margret verließ sie und bog in die belebte Straße ein, die zu dem Teil der Stadt führte, in dem die Fabriken lagen. Die Menge der Männer und Frauen mit besorgten Gesichtern drängte und drängte, aber sie ging mit einem anderen Herzen als gestern durch sie hindurch . Irgendwie waren die krankhaften Fantasien verschwunden: Sie war äußerst lebendig; Das grobe wirkliche Leben dieses Krämers feuerte sie an und berührte ihr Blut mit einem vitaleren Reiz als jede Geschichte eines Kreuzritters. Als sie durch das verwinkelte Labyrinth schmuddeliger Gassen ging, konnte sie in der Ferne Lois' kleine, knackende Glocke hören: Für sie klang es wie ein Weihnachtslied. Sie lächelte halb, als sie sich daran erinnerte, wie die Welt in ihrem verwirrten Gehirn manchmal wie ein grauer, düsterer Tanz des Todes ausgesehen hatte. Wie aktuell war es heute – herzlich, kraftvoll, voller ehrlicher Arbeit, Tränen und Vergnügen! Eine weite, gute Welt zum Leben und Arbeiten, zum Leiden oder Sterben, wenn Gott es so wollte, – Gott, der Gute!

KAPITEL IV.

Sie betrat die riesige, schmuddelige Fabrik; Der Wollstaub und die feuchte Luft der Copperas ließen sich leichter einatmen. das enge, schmutzige Büro, die Arbeit, bloße Kleinigkeiten, über die man lachen kann; und sie beugte sich in ernsthaftem Wohlwollen über das Hauptbuch mit seinen harten Linien während der langsamen Stunden des langen Tages. Sie bemerkte, dass das unglückliche Huhn sein Herz über ein Stück frische Erde freute, das mit feuchtem Moos bedeckt war. Dr. Knowles blieb stehen, um es sich anzusehen, als er kam, und ging mit einem mürrischen Nicken an ihr vorbei.

„ Dein Herr hat dich also nicht vergessen", knurrte er, während die blinde alte Henne ihn mit einem Auge ansah.

Pike, der Manager, hatte einige Rechnungen mitgebracht.

„Wer ist sein Herr?" sagte er neugierig und blieb an der Tür stehen.

„ Holmes, – er füttert es jeden Morgen."

Der Doktor brachte die Worte mit einem verdeckten Grinsen in die Länge und beobachtete dabei das kalte Gesicht, das sich über den Schreibtisch beugte.

Pike lachte.

„Bah! Es ist also das Erste, was er je gefüttert hat, außer sich selbst. Hühner müssen ihm näher am Herzen liegen als Männer."

Knowles blickte ihn finster an; er hatte keine Lust auf Pikes skurrilen Klatsch.

Das ruhige Gesicht war ungerührt. Als er draußen den Fuß des Managers auf der Leiter hörte, probierte er es noch einmal. Er hatte einen vagen Verdacht, den er unbedingt bestätigen wollte.

„Holmes", sagte er nachlässig, „hat eine Affinität zu Tieren. Kein Wunder. Adam muss ein solcher Mann gewesen sein, als der Herr ihm ‚Herrschaft über die Fische des Meeres und über die Vögel der Luft' gab." ‚"
.

Die Hand hielt einen Moment höflich inne, dann setzte sie ihre schnelle, kühle Bewegung über die Seite fort. Er war nicht verblüfft.

„Wenn es so etwas wie Meisterschaft gäbe, wäre dieser Mann geboren, um zu herrschen. Pike wird es schwieriger finden, ihn zu betrügen als mich, wenn er hier Besitz ergreift."

Sie blickte jetzt auf.

Mühlen einzunehmen , – mich auszukaufen, – Artikel werden in ein oder zwei Tagen unterzeichnet. Ich weiß, was Sie denken, – nein, – keinen Dollar wert. Nur Gehirne und eine Seele, und Er hat sie zu einem hohen Preis verkauft, – er hat sein ganzes Herz hineingeworfen, – der Käufer war eine Dame. Es war leicht, glaube ich, – er ist vor langer Zeit ausgehungert."

Die Worte des alten Mannes sprudelten voller Bitterkeit und Verachtung hervor. Das Mädchen hörte mit kühler Ungläubigkeit im Blick zu und machte sich wieder an die Arbeit.

„Miss Herne ist die Dame – die Tochter meines Partners. Herne und Holmes werden die Firma anrufen. Er ist jeden Tag hier und zählt den zukünftigen Gewinn."

Auf dem Gesicht war nichts zu lesen; Also verließ er sie und verfluchte dabei Männer, die sich selbst versteigern ließen – schlimmer als Orleans-Sklaven. Margret lachte vor sich hin über seine Leidenschaft; Die von ihm angedeutete Geschichte war absurd. Sie vergaß es sofort.

Zwei oder drei Herren unten in einem der Zählräume betrachteten die Geschichte gerade aus einem anderen Blickwinkel. Sie redeten leise, ohne dass die Angestellten sie hören konnten.

„Das ist eine gute Sache für Holmes", sagte einer, ein stämmiger, bäuerlicher Mann, der gerade Wollproben auswählte.

„Billig. Und lange Kreditwürdigkeit. Nur die Hälfte der Sorgen, die er auf sich nimmt."

„Ist eine Dame in dem Fall?" schlug ein junger Arzt vor, der aufgrund seines sechsmonatigen Aufenthalts im Süden seine Rs fallen ließ und auf eine Weise von „Niggahs" sprach, die einem Georgier die Haare zu Berge stehen ließ.

„Eine Dame in dem Koffer?"

„Natürlich. Einziges Kind von Herne. Er kommt mit dem Staub als Mitgift herunter. Gut für Holmes. , Stonishin ', wie er es geschafft hat. Wenn Geld das ist, was er in dieser Welt will, macht er jetzt einen großen Schritt." zu 't.'

Der junge Arzt zündete seine Zigarre an und behauptete:

„Ba George, einige schlechte Leute haben sich erstaunlich gut verstanden ! Mary Herne war jetzt die beste Beute der Stadt."

„Glaubst du, Geld ist das, was er will?" sagte ein ruhiger kleiner Mann, der träge auf einem Fass saß, – ein Geistlicher, Vandyke; Seine geistlichen

Brüder schüttelten den Kopf, als sie ihn nannten, diskutierten aber nie mit ihm und verneigten sich vor ihm mit ungewöhnlicher Ehrerbietung.

Der Wollkäufer zögerte mit verwirrtem Blick.

„Nein", sagte er langsam; „Stephen Holmes ist nicht geizig. Ich kenne ihn seit meiner Kindheit. Um Platz und Macht zu kaufen, vielleicht, nicht wahr? Aber das nicht, auch nicht", fügte er hastig hinzu. „Wir glauben, dass wir ihn nicht gesehen haben (selbst gemacht, wissen Sie) und hätten ihm schon vorher das beste Amt im Staat beschert, nur war er so verflucht gleichgültig."

„Gleichgültig, ja. Kein Mensch kümmert sich besonders um Trittsteine in sich selbst", sagte Vandyke, halb für sich.

„Große Schuld der amerikanischen Gesellschaft, insbesondere des Westens", sagte der junge Aristokrat. „Trittsteine liegen niedrig, wie mein ehrwürdiger Freund sagt; Unverschämtheit erhebt sich; Verdienst und Vornehmheit verachten solche schmutzigen Pfade" – mit einer traurigen Erinnerung an den letzten Cent in seiner Westentasche.

„Aber verstehen Sie", rief der Bauer mit plötzlicher Feierlichkeit, „verstehen Sie diesen Plan von Knowles? Jeder Dollar, den er besitzt, ist in dieser Mühle, und jeder Dollar davon fließt in ein Luftschloss, das kein vernünftiger Mensch kann." begreifen."

„Wahnsinnig wie ein Märzhase", murmelte der Arzt verächtlich.

Sein ehrwürdiger Freund warf ihm einen Blick zu – woraufhin er schwieg.

„Ich wünschte beim Herrn, jemand würde ihn davon überzeugen", beharrte der Wollmann und blickte ernst in das aufmerksame Gesicht seines Zuhörers. „Wir können weder Gehirn noch Herz des alten Knowles verschonen, während er sich selbst ruiniert. Es ist so etwas wie eine kommunistische Bruderschaft: Ich kenne den Namen nicht, aber ich kenne die Sache."

In diesem Moment strahlte aus seinen Augen sehr harter gesunder Menschenverstand, als er den Geistlichen ansah, den er für einen von Knowles' Unterstützern hielt.

„Sie können auf zwei Arten enden. Wenn sie aus der Spitze der Gesellschaft herauskommen, werden sie so verfeinert, so idealisiert, dass jedes Teilchen auf seinem eigenen Weg zur Sonne davonfliegt und die Gemeinschaft zugrunde geht ; und wenn sie aus dem unteren Schlamm bestehen, steigen sie immer weiter hinab, gemeinsam hinab – sie leben, um zu trinken und zu essen, und kommen den Tieren so nahe, wie sie können.

Es ist nicht leicht zu glauben, Sir, aber Es ist wahr. Ich habe es gesehen. Ich habe jedes einzelne davon gesehen, das die Vereinigten Staaten hervorbringen können. Es sind FAKTEN, Sir; und Fakten sind, wie Lord Bacon sagt, „die Grundlage jeder vernünftigen Spekulation."

Der letzte Satz wurde langsam herausgebracht, da Zitate nicht gerade seine Stärke waren, aber wie er später sagte: „Sehen Sie, das hat den Pfarrer getroffen."

Der Pfarrer nickte ernst.

„Ein solches Experiment findet man in der Bibel nicht", warf der junge Arzt ein und spielte damit auf „ernsthafte Dinge" als Friedensangebot an seinen ehrwürdigen Freund an.

„Eins, glaube ich", trocken.

„Nun", unterbrach der Bauer und faltete seine Wolle zusammen, „das ist weder hier noch da. Dieses Experiment von Knowles ist mit nichts vergleichbar, was seit der Schöpfung bekannt war. Sein eigener Plan. Er verbringt jetzt seine Tage damit, die Galgenvögel aufzuspüren." der Höhlen hier in der Stadt, und sie sollen alle aufs Land transportiert werden, um ein neues Arkadien zu gründen. Ein paar Männer und Frauen wie er, aber der Großteil kommt aus den Höhlen, sage ich euch. Alle beginnen auf gutem, ebenem Boden , ewiges Zölibat, gegenseitiges Vertrauen, Ehre , Aufstieg nach dem, was in ihnen steckt, – pah ! Es macht mich krank!"

„Knowles' Vorliebe für diese Art von Menschen lässt sich leicht erklären", lispelte der Arzt gehässig. „Blut, Sir. Seine Mutter war eine Mischlings-Creek mit allen Neigungen der Rothäute zu Feuerwasser und ‚juckenden Palmen'. Blut wird austreten.

„Hier ist er", flüsterte der Wollmann boshaft . „Nein, es ist Holmes", fügte er hinzu, nachdem der Arzt eine respektvollere Haltung eingenommen hatte und sich ängstlich umsah.

Er, der Arzt, erhob sich, um Holmes' bevorstehenden Schritten zu folgen – „ein niederer Kerl, aber immer darauf bedacht, im Kampf der Oberhund zu sein und den besten Fang zu heiraten" usw. usw. Die anderen hingegen im Gegenteil , setzten ihre Hüte auf und schlenderten auf die Straße.

Der Tag wurde heiß; die Schatten der lombardischen Pappeln, die sich an ihren Wurzeln entlang der trockenen Dachrinnen zu einem trägen schwarzen See zusammenballen. Der alte Schulmeister schälte im Schatten der großen Rosskastanien (die alle vom Gehöft im Piemont mitgebracht wurden) Mais für seine Frau und verfasste unterdessen eine Seite seines Aufsatzes über die „Sirventes de Bertrand de Born". ." Joel, allein in der

Scheune, arbeitete den langen Tag auf die alte Art und Weise durch – er grübelte ernsthaft (da er eine religiöse Neigung hatte) über eine Predigt des Reverend Mr. Clinche , über die in der „Gazette" berichtet wurde; Darin beschwor dieser Schüler des sanftmütigen Lehrers, wie er es einmal in der Woche tat, die Flüche des Gesetzes über Sklavenhalter und betete zum Herrn, er möge sie sofort von der Erdoberfläche fegen. Diese Darstellung der christlichen Lehre gefiel Joel und den anderen führenden Mitgliedern der Kirche von Herrn Clinche so sehr , dass sie ihm andeuteten, dass es besser sein könnte, seine Texte weiterhin aus Moses und den Propheten auszuwählen, bis die Aufregung des Tages vorbei war über. Das Neue Testament war – nun ja – für den – Notfall kaum geeignet; passte irgendwie nicht zur Lektion der Stunde. Nebenbei möchte ich anmerken, dass dieses Verhalten den Pfarrer der Hochkirche der Pfarrei so sehr empörte, dass er nicht nur alle neuen Teufel (wie Mr. Carlyle sie vielleicht genannt hätte) ignorierte, sondern auch redete, als ob das Jahrtausend vorbei wäre vollendete Tatsachen, und er hatte Muße, die armen, toten alten Probleme aus Luthers Zeit anzupacken. Eines jedoch zu Joel: Während er sich Mr. Clinches Petition für die „Ausrottung" einiger Tausend anschloss , verbrauchte er alle Fragmente des heißen Tages, um einen Stall für ein halbtotes altes Pferd zu reparieren er hatte es am Straßenrand gefunden.

Selbst wenn der zuhörende Engel das Gebet nicht erhörte, markierte er vielleicht zumindest den Stand als etwas, das für die Ewigkeit getan wurde.

Margret arbeitete trotz der stickigen Luft allein in dem staubigen Büro, ihr Gesicht über die Bücher gebeugt und veränderte sich nur ein einziges Mal. Damals war es eine Kleinigkeit; Doch als sie später zurückblickte, war es die Kleinigkeit, die dem Tag seinen Namen gab. Der Raum bebte, wie gesagt, vom donnernden, unaufhörlichen Lärm der Maschinen und Webstühle; sie hörte es kaum, da sie daran gewöhnt war. Einmal jedoch kam ein anderes Geräusch dazwischen – ein eiserner Schritt, der durch den langen Holzkorridor ging – so fest und gemessen, dass es wie das monotone Schlagen einer Uhr klang. Sie hörte es durch den Lärm in der Ferne; es kam langsam näher, bis zur Tür draußen, – passierte es und ging den hallenden Plankenweg hinunter. Das Mädchen saß ruhig da und blickte auf die tote Ziegelmauer hinaus. Der langsame Schritt traf ihr Gehirn wie das Zepter ihres Meisters; Wenn Knowles ihr damals ins Gesicht geschaut hätte , hätte er das Geheimnis ihres Lebens gelüftet. Holmes war vorbeigegangen, ohne zu wissen, wer sich in der Tür befand. Sie hatte ihn nicht gesehen; es war nichts als ein Schritt, den sie hörte. Doch eine Kraft, die Kraft des Lebens des Mädchens, schüttelte alle äußeren Masken, alle oberflächlichen, wolkigen Einbildungen ab und erhob sich in ihr mit schrecklicher Leidenschaft bei dem Klang; ihr Blut brannte heftig; Ihre Seele blickte hinaus, ihre Seele, wie sie war, wie Gott sie kannte – Gott und dieser Mann. Kein kaltes, klares

Gesicht mehr; Man hätte beim Betrachten gedacht, was für ein starker Geist die Seele dieser Frau sein würde, wenn sie im Himmel oder in der Hölle freigelassen würde. Der Mann, der es in seinen Händen hielt, ging achtlos weiter, ohne zu wissen, dass das bloße Geräusch seiner Schritte es wie von den Toten auferweckt hatte. Sie und ihr Recht und ihr Schmerz bedeuteten ihm jetzt nichts mehr, erinnerte sie sich, während sie in den höhnisch heißen Himmel starrte. Doch das plötzliche Leben, das sich vor ihr öffnete, als er weg war, war so leer, dass sie sich in der Verzweiflung ihrer Schwäche, ihrer wahnsinnigen Sehnsucht, ihn noch einmal zu sehen, ihm zu Füßen geworfen und den kalten, schweren Schritt zugelassen hätte ihr das Leben vernichten – wie er es getan hätte, dachte sie und würgte den eisigen Atem in ihrer Kehle herunter, wenn es seinem Zweck gedient hätte, auch wenn es ihm das Leben gekostet hätte, es zu tun. Er würde sie niedertrampeln, wenn sie ihn von seinem Ende abhalten würde; aber sei ihr gegenüber untreu, sei ihm selbst gegenüber untreu, das würde er niemals sein!

Die roten Ziegelsteine, der staubige, mit Wolle bedeckte Schreibtisch, das elende Huhn, das herausschaute, wurden schärfer und realer. Das Leben war jetzt kein krankhafter Albtraum; Das Herz ihrer schwachen Frau fand es nah und grausam. Es gab weder einen Schmerz noch ein Verlangen, von der stummen Frage in den Augen des Hundes, der auf der Straße an ihr vorbeiging, bis zu den hoffnungslosen Fantasien ihres Vaters, die sie durch ihren eigenen Verlust nicht mit tiefem Mitleid und einem wilden Wunsch berührten Helfen Sie dabei, etwas zu tun, um andere zu retten, die dieses arme Leben in ihren Händen haben.

So verging der Tag in der Stadt und auf dem Land; Die alte Sonne strahlte herab wie ein grimmiger alter Richter, der keine Schwächen oder Vortäuschungen duldet, – sie brannte die harte Erde auf den Straßen noch härter für die Füße der Pferde, trocknete die Grasbüschel aus, die zwischen den Felsbrocken der Rinne wuchsen, und schuppte die Erde ab Farbe von den dreisten Gesichtern der endlosen Backsteinhäuser. Er blickte in dieser Stadt wie in jeder amerikanischen Stadt, wie in diesen, in denen Sie und ich leben, auf dasselbe unzählige Labyrinth menschlicher Gesichter herab, die Tag für Tag dieselbe monotone Routine durchlaufen. Knowles, der durch die ruhelosen Massen ging, las mit scharfem Blick in diesem gemeinsamen Sonnenlicht seltsame Bedeutungen zwischen ihnen – Bedeutungen, wie Sie und ich sie lesen könnten, wenn unsere Augen so klar wären wie seine – oder vielleicht krankhaft, es könnte sein, du denkst? Eine gewöhnliche Menschenmenge wie diese draußen auf der Straße: Frauen mit kalten, anspruchsvollen Gesichtern, schwerhirnige, gallige Männer, adrette Lehrlinge, Fuhrmänner, Preiskämpfer, Neger. Knowles blickte um sich wie in einen brodelnden Kessel, in dem die Menschen, von denen ich Ihnen erzähle, Atome waren, in dem das Blut unzähliger Rassen verschmolzen, aber nicht vermischt war – wo jahrhundertealte Glaubensbekenntnisse und Philosophien in ihrem Tod Hand in Hand kämpften -Kampf – wo unzählige Ziele, Überzeugungen und intellektuelle Kräfte, erstickte Rechte und triumphierendes Unrecht, miteinander kämpften und um den Sieg kämpften.

Vulgäres amerikanisches Leben? Er hielt es für ein Leben, das in seiner Geschichte und Prophezeiung mächtiger und tragischer war als alles, was es zuvor gegeben hatte. Die Leute nannten ihn einen Fanatiker. Es mag sein, dass er einer war: doch der unhöfliche alte Mann, krank in der Seele von einem Schmerz, von dem ich Ihnen nicht zu erzählen wage; In seinem eigenen Leben blickte er in die Tiefen des menschlichen Verlusts mit dem wahnsinnigen Wunsch, ihn wiedergutzumachen. In den Gesichtern derer, die ihn verspotteten, entdeckte er eine Spur des Versagens, etwas, das sein Herz mit einem lauten und überaus bitteren Schrei zu Gott empfing. Die Stimme der Welt, dachte er, stieg als Zwietracht zum Himmel auf, unverständlich, hoffnungslos – die große blinde Welt, seit den ersten Zeitaltern in der Irre! Gab es keine Hoffnung, keine Hilfe?

Die Sonne schien, wie schon seit sechstausend Jahren; Es beleuchtete offene Probleme im Leben dieser Männer und Frauen, dieser Hunde und Pferde, die durch die Straßen gingen, Probleme, deren Ende und Anfang kein Auge erkennen konnte. Es gab Orte, wo es nicht leuchtete: unten in den stinkenden Kellern, in den schleimigen Zellen des Gefängnisses dort drüben: an welche Rätsel des Lebens dort lagen, wagte er nicht zu denken. Gott weiß, wie der Mann nach dem Licht suchte – nach einer Stimme, die ihm Erde und Himmel klar machen konnte.

Es gab ein anderes Licht, in dem die Welt an diesem Tag gesehen wurde, seltener als der Sonnenschein und reiner. Es fiel auf die dichte Menge, auf die Gerechten und die Ungerechten. Es drang in die Nebel der stinkenden Höhlen vor, aus denen das gröbere Licht ausgeschlossen war, in die tiefsten Sümpfe des Körpers, in denen eine Seele wälzen konnte, und machte sie klar. Es erleuchtete die Tiefen der Herzen, deren äußerer Schmerz und Leidenschaft die Menschen gerne im erbarmungslosen Sonnenschein lesen wollten, und enthüllte in diesen Tiefen das schwache Suchen nach dem Rechten, die liebevolle Hoffnung, das unausgesprochene Gebet. Kein gütiger Gedanke, kein reiner Wunsch, kein schwächster Glaube an einen Gott und einen Himmel irgendwo könnte so unter Schuld erstickt werden, dass dieses subtile Licht ihn nicht erforscht, um ihn herum leuchtet, darunter leuchtet und ihn vor den Augen Gottes hält und die Engel, die die Welt anders als die Sonne erleuchteten, hatten es sechstausend Jahre lang getan. Ich habe keinen Namen für das Licht: Es hat einen Namen – dort drüben. Nicht viele Augen waren klar genug, um zu sehen, wie es an diesem Tag glänzte; und wenn doch, dann war es wie durch ein Glas, dunkel. Doch es gehörte auch zu uns, in der alten Zeit, der Zeit, als die Menschen „in der Kühle des Tages die

Stimme Gottes, des Herrn, im Garten hören konnten". Es ist jetzt allein Gottes Licht.

Dennoch erhaschte Lois, glaube ich, manchmal schwache Einblicke in die himmlische Klarheit. Ich denke, es war dieses Licht, das das Brennen des Weihnachtsfeuers für sie wärmer machte als für andere, das ihr all die Liebe, die offene Ehrlichkeit und den herzlichen Spaß zeigte, die ihre Augen in der alten, warmherzigen Welt immer wieder sahen. Als sie an diesem Abend auf der Stufe ihrer Holzhütte saß und an einem großen blauen Strumpf strickte, ihr vernarbtes Gesicht und ihr unförmiger Körper den Passanten sehr bemitleidenswert gegenüberstanden, war es das, was ihrem Gesicht ein heimeliges, fröhliches Lächeln verlieh. Dadurch erkannten ihre Augen schnell die Botschaft in den Tiefen der Farben am Abendhimmel oder sogar in den flackernden Farbtönen der grünen Schlingpflanze an der Wand mit ihren purpurroten Füllhörnern, die von heißem Glanz erfüllt waren. Sie mochte klare, lebendige Farben , dieses Mädchen – die Purpur- und Blautöne. Sie antworteten ihr irgendwie. Sie konnten sprechen. Es gab Dinge auf der Welt, die wie sie selbst verunstaltet waren, die sie nicht verstand, die unbedingt wissen wollten: der graue Himmel, die schlammigen Straßen, die gelbbraunen Flechten. Sie weinte manchmal, während sie sie ansah, ohne zu wissen, warum: Sie konnte nicht anders, mit einem vagen Gefühl des Verlustes. Es kam ihnen damals so trostlos vor, am Leben zu sein – oder für sie. Andere Dinge sahen ihre Augen schneller als unsere: zarte oder große Linien, nach denen sie ständig unbewusst suchte – in den heimeligsten Dingen das ganz sanfte Locken des Wollgarns in ihren Fingern, wie in der ewigen Skulptur der Berge. War es die Krankheit ihres verletzten Gehirns, die ihr alle Dinge lebendig machte – die sie dazu brachte, auf ihre unwissende Art die ernsten Hügel, die blitzenden, siegreichen Flüsse zu beobachten und einem ausgehungerten Hund oder einem schmuddeligen Pilz mitleiderregend ins Gesicht zu schauen? in den Schlamm getreten, bevor es kaum gelebt hatte, so wie wir in die Gesichter der Menschen schauen sollten, um zu wissen, was sie uns sagen würden? Waren es Schwäche und Unwissenheit, die alles, was sie sah oder berührte, für sie näher und menschlicher machten als für dich oder mich? Sie hat sich nie daran gewöhnt, so zu leben wie andere Menschen; Diese Anblicke und Geräusche kamen ihr nicht alltäglich und abgedroschen vor. Manchmal hatte sie draußen in den Hügeln, in der heißen Stille der Sommermittage, an den schattigen Teichen gekniet und ihre Hände in den großen, schlummernden Seerosenbeeten vergraben, während ihr das Blut in fieberhafter Mattigkeit, einer leidenschaftlichen Trance geronnen war , aus dem sie sich schwach und müde erhob.

Sie hatte keinen ausgeprägten künstlerischen Sinn, diese Lois, sie wusste nichts von den Gesetzen der Natur, wie Sie es tun. Doch manchmal vergaß sie das arme, abscheuliche Ding, wenn sie zusah, wie sich das trübe

Meer der Prärie im purpurnen Licht des frühen Morgens hob und senkte oder auf den Bauernhöfen die blaue Luft einatmete, die zitternd zum Himmel hinaufstieg und vom Leben der Vögel und Wälder jubelte Sie war es, etwas grobes Gewicht fiel ab, und etwas in ihrem Inneren, nicht die kränkliche Lois der Mühle, ging frei heraus, wie ein Verbannter, der von seiner Heimat träumt.

Sie sagen mir, dass sich in den Trümmern des Gehirns der Kreatur zweifellos Fragmente einer künstlerischen Einsicht befanden, die sie so über das Niveau ihres täglichen Lebens erheben ließen, betrunken von der bloßen Schönheit von Form und Farbe . Ich weiß es nicht – ich weiß nicht, wie vorgetäuscht oder real Sie künstlerische Einsicht verstehen. Aber ich weiß, dass das klare Licht, von dem ich Ihnen erzählt habe, für dieses Mädchen schwach durch diese Schönheit der Form und Farbe schien ; lebendig. Das Leben vielmehr; und unwissend, ohne Worte für ihre Gedanken, glaubte sie daran als das Höchste, was sie kannte. Ich glaube, es kam ihr auf diese Weise in einer unvollkommenen Sprache (nicht in einer äußerlichen Zurschaustellung von Farbtönen und Linien, wie es bei Künstlern vorkommt) – einer Sprache, dieselbe, die Moses hörte, als er allein dastand und nichts zwischen seiner nackten Seele und Gott hatte, aber die Wüste und der Berg und der Busch, der mit Feuer brannte. Ich glaube, die schwache Seele des Mädchens taumelte aus ihrem Kerker und tastete sich durch diese schwerhäutigen Hügel, diese Farbenträume , durch die Gesichter von Hunden oder Menschen auf der Straße, um den Gott zu finden, der dahinter lag. So sah sie die Welt und ihre göttliche Schönheit und Wärme, die ihr so nahe war, dass Wärme und Schönheit in ihr real wurden und ihr heimeliges Spiegelbild in ihrem täglichen Leben fanden. Sie wusste also auch, dass der Meister, an den sie glaubte, Ihn in allem, was lebte, realer sah als alles daneben. Die wartende Erde, der prophetische Himmel, der Wurm selbst in der Gosse waren nur ein Teil dieses Mannes, etwas, das gekommen war, um ihr von ihm zu erzählen – sie spürte schwach; Allerdings hatte sie, wie gesagt, keine Worte für einen solchen Gedanken. Und doch noch realer. In den dunklen Kellern, in die sie ging, gab es keinen Schmerz und keine Versuchung, die Er nicht ertragen hätte – nicht eine einzige. Es gab weder für sie noch für die anderen die geringste Freude, nicht einmal ein fröhliches Feuer oder freundliche Worte oder ein warmes, herzliches Lachen, und sie wusste nicht, dass Er es geschickt hatte, und war froh, es zu tun. Das wusste sie genau! So nahm er an ihrem bescheidenen Alltagsleben teil und wurde für sie von Tag zu Tag realer. Sehr heimelige Schatten warf ihr Leben von Seinem Licht, denn es war Seines: heimelig, wegen ihrer armen Lebensweise und wegen der Tiefe, in die der schwere Fuß der Welt sie erdrückt hatte. Dennoch waren sie die ganze Zeit da, in ihrer fröhlichen Geduld, wenn nicht mehr. Heute Abend zum Beispiel, wie anders kam ihr die wogende Menschenmenge vor als Knowles! Sie blickte von ihren hohen Holzstufen mit eifrigem Interesse darauf herab und war mit ihrem schwachen, schüchternen Lachen bereit, jeden freundlichen Ruf von unten zu beantworten. Sie hatte nicht die Macht, sie als Vorbilder großer Klassen zu sehen; Es waren einfach so viele lebende Menschen, die sie kannte und die größtenteils freundlich zu ihr gewesen waren. Was auch immer an Gutem in dem abscheulichsten Gesicht war (und da war immer etwas), sie war sich sicher, es zu sehen. Das Licht machte ihre armen Augen dafür stark.

Abends saß sie gern dort, war allein, wurde aber nie einsam; Es gab so viel, was angenehm anzusehen und zu hören war, als die kühle braune Dämmerung hereinbrach. Wenn die Welt, wie Knowles dachte, eine trostlose Zwietracht war, wusste sie nichts davon. Die Leute gingen jetzt von ihrer Arbeit – sie hatten übrigens Zeit zum Reden und Scherzen – und blieben stehen oder gingen langsam die kühlen Schatten des Bürgersteigs entlang; während hier und da ein zurückbleibender roter Sonnenstrahl ein Fenster glänzte oder quer über die mit grauen Felsblöcken gepflasterte Straße schlug. Von den Häusern in der Nähe konnte man einen schwachen Geruch des Abendessens wahrnehmen: sehr freundliche Menschen waren in diesen Häusern; sie kannte sie alle gut. Die Kinder kamen mit gewaschenen Gesichtern heraus, um zu spielen, jetzt, wo die Sonne untergegangen war; die Ältesten von ihnen kamen meist, um sich zu ihr zu setzen und eine Geschichte zu hören.

Wenn es dunkler wurde, sah man die Mädchen in ihren hübschen blauen Kattunhosen mit ihren Liebsten spazieren gehen. Da waren der alte Polston und sein Sohn Sam, die schwarz wie Tinte und mit ihren kleinen Blechlaternen auf den Kappen aus den Kohlengruben nach Hause kamen. Nach einer Weile kam Sam in seinem Anzug aus Kentucky-Jeans heraus, sein Gesicht glänzte von der Seife, und ging verlegen zu Jenny Ball, und der alte Mann brachte seine Pfeife und seinen Stuhl auf den Bürgersteig, und seine Frau setzte sich darauf die Schritte. Höchstwahrscheinlich würden sie Lois herabrufen oder sich selbst überwältigen, denn sie waren das geselligste und gemütlichste alte Paar, das man je kannte. Als die Mädchen vorbeigingen, gab es einen tollen Halt an Lois' Tür, um einen Strauß Blumen zu holen, die sie vom Land mitgebracht hatte, oder Sträußchen, wie sie sie nannten (Sam würde Jenny nie etwas anderes bringen als „Alter Mann" und Nelken). ,) und sie hatte sie immer in zerbrochenen Krügen bereit. Es waren gute, freundliche Mädchen, jede einzelne von ihnen – hatte sich letzten Winter, als sie unter Rheuma litt, abwechselnd bei Lois aufgesetzt. Sie hat diese Zeit nie vergessen – kein einziges Mal.

Später am Abend sah man dicht an der Wand einen Mann mit gesenktem Kopf vorbeikommen, den gleichen, den Margret in der Mühle gesehen hatte – ein dunkler Mann mit grauem, dünnem Haar – Joe Yare, Lois' alter Vater. Niemand sprach mit ihm; die Leute schauten immer weg, wenn er vorbeiging; und wenn der alte Herr oder die alte Frau Polston beim Heraufkommen auf der Treppe wären, würden sie sehr förmlich „Guten Abend, Herr Yare" sagen und sofort verschwinden. Es tat Lois mehr weh als alles andere, was sie hätten tun können. Aber sie huschte lautstark umher, damit er es nicht bemerkte. Wenn sie die Spuren des schlechten Lebens, das er gelebt hatte, auf seinem alten Gesicht sahen, war das bei ihr nicht der Fall; Seine traurigen, unsicheren Augen mögen ihnen gegenüber unehrlich gewesen sein, aber sie waren nichts anderes als freundlich zu der missgestalteten kleinen Seele, die er so herzlich mit einem „Warum, siehe, mein kleines Mädchen!" küsste. Niemand sonst auf der Welt nannte sie jemals einen Kosenamen.

Manchmal war er düster und schweigsam, aber im Allgemeinen erzählte er ihr von allem, was in der Mühle passiert war, insbesondere von jedem kleinen Hinweis oder Lob, das er vielleicht erhalten hatte, beobachtete sie besorgt, bis sie darüber lachte, und rieb sich dann fröhlich die Hände. Er hätte nicht an Lois' Vertrauen in ihn zweifeln müssen. Was auch immer die anderen taten, sie glaubte an ihn; Sie hatte immer an ihn geglaubt, in all den dunklen Jahren, als er zu Hause und im Gefängnis war. Sie waren jetzt weg und kamen nie wieder zurück. Es war richtig gekommen. Wenn die anderen ihm Unrecht taten, und das schmerzte sie zutiefst, würde auch das eines Tages wieder gut werden , dachte sie, während sie das müde, mürrische Gesicht des alten Mannes betrachtete, der sich an die Fensterscheibe beugte und Angst hatte zu gehen aus. Aber sie aßen dort sehr fröhliche kleine Abendessen, allein in dem seltsamen, kahlen kleinen Raum, der so gemütlich und sauber war wie Lois selbst.

Manchmal, spät in der Nacht, wenn er zu Bett gegangen war, saß sie allein in der Tür, während das Mondlicht in breiten Streifen über den Platz fiel und die großen Pappeln wie Riesen dastanden und miteinander flüsterten. Immer noch erklangen fröhlich die fernen Geräusche der Stadt, während sie, da es dunkel war, ihre Strickwaren zusammenfaltete und darüber nachdachte, was für ein glücklicher Abschluss dieser glückliche Tag war. Wenn es still wurde, konnte sie das feierliche Flüstern der Pappeln hören, und manchmal schwebten gebrochene Musikklänge aus der Kathedrale der Stadt durch die Kälte und das Mondlicht an ihr vorbei, weit weg ins Blau jenseits der Hügel. All die große Freude des Tages, die warmen, hellen Anblicke und Geräusche, so grob und heimelig sie auch waren, schienen in der tiefen Musik zu verschwinden und einen Teil davon zu bilden.

Doch als sie dort saß und in die lauschende Nacht blickte, wurde das Gesicht des armen Kindes langsam blass, als sie es hörte. Es machte sie demütig. Es machte ihr ihre Gemeinheit, ihr niedriges, schwaches Leben so deutlich vor Augen! Es gab keinen Schmerz oder Hunger, den sie kannte, der in seinem artikulierten Schrei nicht eine Stimme fand. SIE! Was war sie? Der

Schmerz und die Nöte der Welt müssen mit diesem Klang zu Gott aufsteigen, dachte sie. Da war noch mehr drin – eine unbekannte Bedeutung eines großen Inhalts, den ihr zerrüttetes Gehirn nur mit Mühe begreifen konnte. Sie konnte nicht. Ihr Herz schmerzte vor wilder, ruheloser Sehnsucht. Sie hatte keine Worte für den vagen, unstillbaren Hunger, den sie verstehen wollte. Vielleicht lag es daran, dass sie unwissend und niedrig war; andere könnten es wissen. Sie dachte, ihr Meister würde sprechen. Sie dachte, dass die unbekannte Freude die ganze Erde und den Himmel miteinander verband, und machte es deutlich. Also verbarg sie ihr Gesicht in ihren Händen und lauschte, während die leise Harmonie mit der Botschaft Gottes an die Menschen durch die Luft zitterte, ohne von anderen beachtet zu werden. Es kann sein, dass sie es nicht versteht – das arme Mädchen –, das immer noch hungrig danach ist, es zu wissen. Doch als sie aufblickte, waren warme Tränen in ihren Augen und ihr vernarbtes Gesicht strahlte von trauriger, tiefer Zufriedenheit und Liebe.

So war der heiße, lange Tag für sie alle vorbei – er verging wie Tausende von Tagen für uns, er ging unter, vergessen: So wie dieser lange, heiße Tag, den wir Leben nennen, irgendwann vorbei sein wird und ins Graue versinken wird kalt. Sicherlich gab es unzählige Öffnungen, durch die wir einen Blick auf dieses andere Licht als den Sonnenschein hätten erhaschen können: das Licht dieses großen Morgens, des Landes, in dem alles herrschte Unrecht soll wiedergutgemacht werden. Wenn wir uns nur dafür entschieden hätten, es zu sehen, – wenn wir es nur gewählt hätten!

KAPITEL V.

Jetzt, wo ich zum Liebesteil meiner Geschichte gekommen bin, fallen mir plötzlich schmutzige Farben auf der Palette auf, mit der ich gemalt habe. Ich wünschte, ich hätte ein paar brillante Farbstoffe. Ich wünschte von ganzem Herzen, ich könnte Sie in das „Es war einmal" zurückversetzen, an dem sich die Seelen unserer Großmütter erfreuten – die Zeit, über die Dr. Johnson die ganze Nacht wach saß, um in „Evelina" zu lesen – die Zeit, in der alle himmlischen Tugenden, alle irdischen Gnaden dem Menschen in komprimierter Form durch die blauen Augen und die prächtige Kleidung einer Belinda Portman oder eines Lord Mortimer offenbart wurden. Dann keiner Ihrer gutherzigen, schwer in Versuchung geratenen Schurken! Es hat einem die Haare zu Berge stehen gelassen, nur von ihnen zu lesen, wie sie fortwährend auf der Suche nach unschuldigen Mädchen und einfachen alten Männern waren, die sie verschlingen konnten. Das war die Zeit, Tugend und Laster hochzuhalten; Kein Problem also, zu erkennen, welches Schaf und welches Ziegen waren! Dann könnte man hoffentlich eine Geschichte mit einer Moral schreiben! Die Menschen, die damals geboren wurden, hatten keine Lust, mit Halb-und-Halb-Charakteren durch die Welt zu gehen, wie wir es ertragen; So hat die Natur vollständige Exemplare jeder Klasse hervorgebracht, mit allen Anhängseln an Kleidung, Vermögen usw., die anständig harmonieren. Die Heldin gleitet voller Rang, Tugenden, einem dreisilbigen Namen und einem weißen Kleid, das niemals gewaschen werden muss, ins Leben, bereit, durch düstere Gefahren in einen triumphalen Zufluchtsort der Ehe zu segeln; – alle Aristokraten haben hohe Stirnen und Kälte blaue Augen; Bei den Bauern handelt es sich ausschließlich um alte, auf wundersame Weise dankbare Frauen in adretten Karoschürzen oder um mürrische Aufständische, die in Höhlen Aufstände planen.

Natürlich meine ich nicht, dass diese Zeiten vorbei sind: Sie sind (auf moderne Weise) an vielen Orten der Welt lebendig; Einige meiner Freunde haben sie in Prosa und Versen beschrieben. Ich möchte nur sagen, dass ich nie dort war; Ich wurde unglücklich geboren. Ich bin bereit, mein Bestes zu geben, aber ich lebe im Alltäglichen. Ein- oder zweimal habe ich mich voreilig an dunklen Verschwörungen und seltenen und strahlenden Frauen in italienischen Lauben versucht; Aber ich habe einen Freund, der mit Sicherheit sagen wird: „Erzählen Sie uns mal vom Metzger nebenan, meine Liebe." Wenn ich jetzt von meiner Zeitung aufschaue, werde ich unseren Hund und seinen Zwinger genauso wahrscheinlich sehen wie den weißen Himmel, der mit Blut und tyrischem Purpur befleckt ist. Ich habe in meinem Leben noch nie einen Vollblutheiligen oder Sünder gesehen. Der kälteste Bösewicht, den ich je kannte, war der einzige Sohn seiner Mutter, und sie war eine Witwe – und ein freundlicherer Sohn lebte nie. Zweifellos gibt es

Menschen, die zu einer Liebe fähig sind, die in ihrer Stärke schrecklich ist; Aber ich habe nie einen solchen Fall erlebt, in dem jemand seine Zweckmäßigkeit nicht als „Match" im Lichte von Dollars und Cents betrachtet hätte. Was Heldinnen betrifft, habe ich natürlich wunderschöne Frauen gesehen, und zwar so gut wie schön. Das Schönste ist zart und rein genug für eine Art Madonna und hat ein Herz, das fast genauso warm und heilig ist. (In ihren Adern fließt auch sehr reines Blut, wenn Ihnen Blut wichtig ist.) Aber zu Hause nennen sie sie Tode als Spitznamen; Alles, was wir tun können, ist, dass sie singt, und zwar durch ihre Nase; und an Waschtagen kocht sie oft das Abendessen und schimpft lautstark, wenn die Teeservietten nicht in Ordnung sind. Was soll nun jemand mit so einer Heldin anfangen? Ich habe viele alte Jungfern gekannt, mit Pathos und Sonnenschein in ihrem Leben; aber die alte Magd der Romane habe ich nie getroffen, die ihre Seele dem Klatsch überlassen hat – und auch nicht die andere Art, eine lebenslange Märtyrerin der Selbstlosigkeit. Sie sind im Allgemeinen gemischt und, soweit ich sehen kann, ihren verheirateten Schwestern nicht unähnlich. Was die Männer betrifft, so kenne ich sicherlich Helden. Ich wusste, dass es einen Mann gab, der im Herzen ein ebenso großer Ritter war wie jeder Bayard von allen; eine dieser Seelen, einfach und sanft wie eine Frau, zärtlich in ritterlicher Ehre . Er war ein alter Mann mit einem rostbraunen Mantel und einer noch rostigeren Perücke, der sein Leben in einem schmuddeligen Dorfbüro verbrachte. Ihr Dichter hättet ihn ausgelacht. Nun ja, seine Geschichte wird nie geschrieben. Die freundlichen, traurigen, blauen Augen sind jetzt geschlossen. Es gibt einen kleinen Bauernfriedhof, der mit Liguster und wilden Weinreben bewachsen ist, und ein flaches Grab, in dem er zur Ruhe gelegt wurde; und nur wenige, die ihn kannten, als sie Kinder waren, wollten dorthin gehen und darüber nachdenken, was er für sie bedeutete. Aber nicht nur in den fernen Tagen des Rittertums, glaube ich, standen wahre und stolze Seelen unwillkommen auf der Welt, wandten sich bis zum Tode verletzt ab und starben stumm. Lass es sein. Ihr Leben ist nicht verloren, Gott sei Dank!

Ich wollte Sie nur fragen: Wie kann ich dagegen vorgehen, wenn Ihnen die Menschen in meiner Geschichte unhöflich vorkommen , wenn der Held im Gegensatz zu allen anderen Helden innehält, um den Preis zu berechnen, bevor er sich verliebt, wenn es ihn zu seinem macht? Die Finger erschauern vor Vergnügen, wenn sie nicht nur die Hand seiner Geliebten, sondern auch eine volle Brieftasche berühren – und ist dieser Stephen Holmes doch ein Mann, den es zu verachten gilt? Eher ein Held einer besonderen Art, ein Mann, mehr als andere Männer: der Mann selbst , der, wer will, daran zweifelt, Frauen am längsten und innigsten liebt. Wenn ich könnte, hätte ich natürlich jede Gemeinheit ausgelöscht, bevor ich ihn dir gezeigt hätte; Ich hätte dir gesagt, dass Margret eine ungestüme Frau mit ganzem Herzen war, die froh war, ihr Leben für ihren Vater hinzugeben, ohne auch nur einen bitteren Gedanken an die Ehefrau und Mutter zu verschwenden, die sie hätte sein können. Ich hätte ihre Mutter zärtlich dargestellt (so wie sie war) und dabei vergessen, wie kleinlich sie an arbeitsreichen Tagen wurde: Aber was kann ich tun? Ich muss Ihnen Männer und Frauen zeigen, wie sie in diesem besonderen Staat der Union sind, in dem ich lebe. Bei allen anderen ist das natürlich ganz anders. Nun, da ich auf eine Enttäuschung vorbereitet bin, wirst du meinen Helden sehen?

Er war für einen Morgenspaziergang aus der Stadt geschlendert – nicht durch die Hügel, wie Margret auf dem Heimweg ging, sondern auf der anderen Seite zum Fluss, über den man die Prärie sehen konnte. Denken Sie daran, wir sind in Indiana. Das Sonnenlicht war an diesem Morgen rein, kraftvoll, farblos, der wahre Wein des Lebens für Körper und Geist. Stephen Holmes wusste das, da er ein Mann mit zarten tierischen Instinkten war, und er benutzte es genauso, wie er morgens die Hanteln benutzt hatte. Alle Dinge sind für den Menschen gemacht, nicht wahr? Er lehnte an der Tür des Schulhauses – einem roten, prunkvollen Haus, dem Fleck auf der Landschaft; aber da er ihm den Rücken zuwandte, konnte er es nicht sehen, und so empfand er mit seinen halb geschlossenen Augen die Schönheit der Szene, um auf ihn einzuwirken. Erlitten: Bei einem Menschen ist gemäß seinem Glauben der Wille vorherrschend und alle Einflüsse, wie Schönheit, Schmerz, Religion, dürfen auf Befehl handeln. Natürlich.

Es war eine eigenartige Landschaft – wie der Mann, der sie betrachtete, durch und durch amerikanischer Art. Eine Reihe scharfer, dunkler Hügel mit einer düsteren Tiefe grüner Schatten in den Spalten und an den Seiten dicht besiedelten Wäldern aus Scharlachrot, Flammen und Purpur. Oben ragten die spitzen Steinspitzen in das fahle Blau empor, waren selbst blass und blass und strahlten eine gewisse Ruhe aus, die Art ewiger Stille. Am Fuße der Hügel lag die Stadt, eine schmutzige Masse aus Ziegeln, Rauch und Staub, und an ihrem äußersten Rand floss der Fluss – tief hier, grün gefärbt, sich windend und gurgelnd und gerinnt an den Ufern über steilen Flechtenvorsprüngen und schlammbedeckter Fels. Dahinter gähnte die Öffnung zum großen Westen – den Prärien. Nicht die trostlose Stille hier, sondern weiter westlich. Ein schlichter, dunkler Rotton – denn das Gras war von der Sonne verbrannt – erstreckte sich in die vage Ferne, unerträglich, still, unterbrochen von Hügeln und kümmerlichen Bächen, die die Weite und Stille nur noch weiter und schwerer machten. Seine grenzenlose Erstarrung lastete auf dem Gehirn; Die Augen schmerzten und streckten sich, um eine Pause zu finden, bevor das trübe Rotbraun im Bernstein des Horizonts verschwand und verloren ging. Eine amerikanische Landschaft: mit wenigen Merkmalen, einfach, mit großartigen Umrissen wie das Gesicht eines der frühen Götter. Es lag völlig regungslos vor ihm, kein Wolkenfleck im reinen Blau darüber, selbst dort, wo der Nebel vom Fluss aufstieg; es hatte das klare Blau nur zu klarerem Violett verschönert.

Holmes stand ruhig da und sah zu; er hätte ein Bild wie dieses schaffen können, wenn er nie eines gesehen hätte; Deshalb konnte er es erkennen, in seine Seele aufnehmen und es dort tun lassen, was es wollte.

Plötzlich wehte ein schwacher Wind von der fernen Pazifikküste an der bernsteinfarbenen Linie, wo die Sonne unterging. Ein schwaches Zittern ging über die großen Hügel, die breiten Farbstreifen verdunkelten sich vom Fuß bis zum Gipfel und blitzten dann wieder auf – während unten die Prärie sich wie ein trübes Meer hob und senkte und in langen, langsamen, feierlichen Wellen rollte.

Der Wind schlug Holmes so heftig und heftig ins Gesicht, dass ihm der Atem stockte. Es sei eine wilde Freiheit, dachte er, im Westen dort, dessen Atem ihn anwehte – die Freiheit des primitiven Menschen, des ungezähmten Tiermenschen, der selbstständig und selbstbewusst war und die Natur besiegt hatte. Nun, diese wilde, meisterhafte Freiheit tat der Seele manchmal gut, zweifellos. Es war die vitale Ausstrahlung des alten Knowles. Er fragte sich, ob der alte Mann in seinem Hobby Erfolg haben würde, ob er den sklavischen Bettlern und Dieben in den Gassen dort drüben diese wilde Freiheit verständlich machen könnte. Sie sehnten sich nach der Erlaubnis, jetzt aus Duldung leben zu dürfen, da sie ihre mögliche Göttlichkeit nicht kannten. Es war ein verzweifeltes Heilmittel, dieses Gefühl unkontrollierter Freiheit; aber ihre Krankheit war verzweifelt. Er selbst brauchte es nicht; dieses Element fehlte nicht. Natürlich nur im körperlichen Sinne. Er fühlte seinen Arm. Ja, die kalte Strenge dieses neuen Lebens hatte bereits einen Großteil der verstopfenden Last des Fleisches abgetragen und die Muskeln gestärkt. Sechs Monate mehr im Westen würden die Fasern widerstandsfähiger gegen Eisen machen. Er hob ein Eisengewicht, das auf den Stufen lag, und prüfte sie achtlos. Im Übrigen würde er hierher zurückkehren; Etwas von der kalten, lockeren Frische sei in sein Gehirn eingedrungen, glaubte er. In den zwei Jahren seiner Abwesenheit war seine Konzentrationsfähigkeit stärker geworden, seine Wahrnehmungen waren freier von Vorurteilen und er gewann von Tag zu Tag an heikleren Punkten und an Schärfe in der Analyse. Er atmete tief die eisige Luft ein, in der sich der wilde Duft der Prärie widerspiegelte. Nein, sein Temperament brauchte eine subtilere Atmosphäre als diese, eine seltenere Essenz als bloße brutale Freiheit. Der Osten, die Alte Welt, war sein angemessener Bereich für die Selbstentfaltung. Er würde gehen, sobald er über die nötigen Mittel verfügte, und alle Verstopfungen hinter sich lassen. ALLE? Sein müßiger Gedanke verstummte hier plötzlich; die fahle Stirn zog sich scharf zusammen, und seine grauen Augen wurden augenblicklich flach, nachlässig, förmlich wie bei einem Mann, der seine Gedanken zurückhält. Einen Moment lang herrschte in seinem Gehirn ein heftiger Streit. Dann strich er mit dem Arm über seinen Kossuth-Hut, setzte ihn auf und blickte wieder auf die Landschaft hinaus. Irgendwie wurde seine Bedeutung für ihn abgestumpft. In diesem Moment kam ein Muddy Terrier auf ihn zu und rieb sich an seinem Knie. „Warum, Tige, alter Junge!" sagte er und bückte sich, um es freundlich zu tätscheln . Der harte, oberflächliche Blick verschwand; Er lächelte halb und schaute dem Hund in die Augen. Ein neugieriges Lächeln, unsäglich zärtlich und traurig. Es war die Eigenartigkeit des Gesichts des Mannes, die man dort selten sieht. Er hätte damit einen Verbrecher ansehen und ihn zum Tode verurteilen können. Aber er hätte ihn verurteilt, und wenn sich kein Henker gefunden hätte, hätte er das Seil mit seinen eigenen Händen angelegt und sich dann höchstwahrscheinlich bleich und zitternd hingesetzt und seine Empfindungen auf dem Papier analysiert – und wäre dabei aufrichtig gewesen alle.

Er setzte sich auf die Stufen des Schulhauses, die die Jungen grob gehackt und ausgeschnitzt hatten, und wartete; denn er war nach Vereinbarung dort, um Dr. Knowles zu treffen.

Knowles war am frühen Morgen hinausgegangen, um sich den Boden anzusehen, den er für sein Phalanstery, oder wie auch immer er es nennen wollte, kaufen wollte. Er sollte die Kaufurkunde für die Mühle für Holmes mitbringen. Am nächsten Tag sollte es unterzeichnet werden. Holmes sah ihn endlich durch die Prärie trotteten und sich den Schweiß von der Stirn wischen. Ob Sommer oder Winter, er sorgte dafür, dass es immer heiß war. Neben ihm kam ein Karren, der von einem alten Esel gezogen wurde. Knowles sprach mit dem Fahrer. Der alte Mann klatschte in die Hände, wie es Postkutschen tun, und sog tief Luft ein, als läge in jedem Atemzug lebendiges Leben und Versprechen. Endlich kamen sie herauf, der Wagen war leer und trocknete für die Arbeit des Tages, nachdem er morgens geschrubbt worden war. Lois' pockennarbiges Gesicht strahlte vor lauter Anstrengung, Barney wach zu halten. Sie wurde ganz rot vor Vergnügen, als sie Holmes sah, redete aber schnell weiter, als die Männer anfingen zu reden. Tige folgte ihr natürlich; Aber als sie ein kleines Stück durch die Prärie gegangen war, sahen sie, wie sie anhielt, und bald kam der Hund mit etwas im Maul zurück, legte es neben seinen Herrn und rannte davon. Es war nur ein grober Weidenkorb, den sie mit feuchtem, plüschigem Moos gefüllt hatte und in dem Büschel von Pflaumenfarnen, zarten braunen und aschfarbenen Flechten und Massen von Waldblättern, alle grün schattiert und mit ein paar purpurnen Schattierungen, halb vergraben waren. Es hatte einen klaren, holzigen Geruch, wie ferne Myrrhe. Der Doktor lachte, als Holmes es aufnahm.

„Das Geschenk eines Künstlers, wenn es von einem Mulatten stammt", sagte er. „Ein geborener Kolorist ."

Die Männer fühlten sich nicht wohl – aus irgendeinem Grund; Sie griffen auf jede Kleinigkeit zurück, um das Thema, das sie zusammengebracht hatte, vom Tisch zu halten.

„Der künstlerische Sinn dieses Mädchens ist rein, und ihre Religion ist der Perversion und Ignoranz ihres Gehirns unterlegen. Neugierig, nicht wahr?“

„Schauen Sie auf ihren Kopf, wenn Sie sie sehen“, sagte Holmes. „Es ist eine Notwendigkeit für solche Gehirne, anzubeten. Sie lassen das Feuer ihr Blut lecken, wenn sie zufällig geborene Parsen sind. Dieses Mädchen, wenn sie eine Jüdin gewesen wäre, als Christus geboren wurde, hätte ihn so gekannt wie Simeon.“

Knowles sagte nichts, warf nur einen Blick auf den massiven Kopf des Redners mit seiner überhängenden Stirn, den quadratischen Wölbungen an den Seiten und dem gesenkten Scheitel und lächelte bedeutungsvoll.

„Genau“, lachte Holmes und legte seine Hand auf seinen Kopf. „Dort verkrüppelt durch mein Yorkshire- Blut – meine Mutter. Egal; außerhalb dieses Lebens zählen Blut oder Umstände nichts.“

Sie gingen langsam weiter in Richtung Stadt. Auf dem Kaufvertrag, den der alte Mann in der Tasche hatte, stand bestimmt nichts außer einer reinen Geschäftssache; Dennoch schwiegen sie seltsamerweise darüber, als würde es jemandem Schande bereiten . Es entstand eine verlegene Pause. Der Doktor ging zurück zu Lois, um Erleichterung zu holen.

„Ich denke, dass es der Schmerz und die Not von jemandem wie ihr ist, der sie für die Religion anfällig macht. Das Selbst in ihnen ist so ausgehungert und gedemütigt, dass es ihre Augen nicht verdecken kann; sie sehen Gott klar.“

„Sagen Sie lieber“, sagte Holmes, „dass die Seele so ausgehungert und blind ist, dass sie sich selbst nicht als Gott erkennen kann.“

Das intolerante Auge des Doktors entzündete sich.

„Humph! Das ist also Ihr Glaubensbekenntnis! Nicht Pantheismus. Ego-Summe. Natürlich fahren Sie mit der Konjugation fort: Ich war, ich werde sein. Ich – das deckt den gesamten Bereich ab, Schöpfung, Erlösung, und befiehlt das Jenseits?“

„Das tut es“, sagte Holmes kühl.

„Und dieser elende Krämer trägt seine Gottheit um sich – seine aus sich selbst existierende Seele? Wie, in Gottes Namen, kann ihr Leben sie befreien?“

Holmes sagte nichts. Das grobe Grinsen konnte nicht beantwortet werden. Männer mit blassen Gesichtern und schweren Kiefern wie er tragen ihre Religion nicht auf der Zunge; Ihre Glaubensbekenntnisse verlassen sie nur im langsam ausströmenden Lebenselixier, so falsch die Glaubensbekenntnisse auch sein mögen.

Knowles fuhr hitzig fort, halb vor sich hin, und griff die neue Idee heftig auf, wie es Männer und Frauen tun, die noch nach der Wahrheit des Lebens suchen.

„Was sagt Ihr Novalis? ‚Der wahre Shechinah ist der Mensch.‘ Du kennst keinen höheren Gott? Puh! Die Idee ist alt genug; sie begann mit Eva. Sie funktioniert langsam, Holmes. In sechstausend Jahren, wenn man die Menschheit als eine Einheit betrachtet, hätte sich diese aus sich selbst existierende Seele mit einem freieren, königlicheren Gewand bekleiden sollen als der Körper der armen Lois – oder meiner“, fügte er bitter hinzu.

„Es funktioniert langsam“, sagte der andere leise. „Bald schneller, in Amerika. Es gibt noch viele Übel des Lebens, die die Göttlichkeit im Inneren überwinden muss.“

„Und Lois und die wimmelnde Masse dort in diesen Höhlen? Ist es zu spät für sie, den Kampf zu beginnen?“

„Hier reicht ihnen Ausdauer, und das lehren sie ihre Religionen. Sie konnten die Wahrheit nicht ertragen. Einem Mann, der an dem Gestank und Hunger der Belagerung stirbt, legt man keine Waffe in die Hände.“

„Aber was wird dieses Leben oder die kommenden Leben euch geben, Champions, die die Wahrheit kennen?“

„Nichts als Sieg“, sagte er leise und schaute weg.

Knowles blickte auf die blasse Kraft des eisernen Gesichts.

„Gott helfe dir, Stephen!“ er brach aus, sein oberflächlicher Spott verstummte. „Denn es gibt einen Gott, der höher ist als wir. Die Übel des Lebens, die du besiegen willst, werden es dir beibringen, Holmes. Du wirst das Etwas über dir finden, und sei es nur, um Ihn zu verfluchen und zu sterben.“

Holmes lächelte nicht über die Hitze des alten Mannes, sondern ging ernst und sicher.

Es herrschte kurzes Schweigen. Knowles legte sanft seine Hand auf den Arm des anderen.

„Stephen“, er zögerte, „du bist ein stärkerer Mann als ich. Ich weiß, was du bist; ich habe dich von klein auf beobachtet. Aber hier liegst du falsch.

Ich bin ein alter Mann. Es gibt nicht viel Ich." Ich weiß es im Leben – genug, um mich wahnsinnig zu machen. Aber ich weiß, dass es etwas Stärkeres gibt – einen Gott außerhalb des gemeinen Teufels, den sie „Ich" nennen. Du wirst es lernen, Junge. Es gibt eine alte Geschichte von einem Mann wie dir und dem Rest deiner Sekte und von den abscheulichen, gemeinen, kriechenden Wesen, die Gott geschickt hat, um ihn zu Fall zu bringen. Solche Dinge gibt es noch. Gemeine Leidenschaften in Deine göttliche Seele, niedrige, selbstsüchtige Dinge, die dich überwältigen und dir zeigen werden, was du bist. Du wirst alles tun, was ein Mann tun kann. Aber sie kommen, Stephen Holmes! sie kommen!"

Er blieb erschrocken stehen. Denn Holmes hatte sich abrupt umgedreht und blickte mit seltsamer Wehmut zur Stadt hinüber. Es war in einem Moment vorbei. Er nahm den langsamen, kontrollierten Gang neben ihm wieder auf. Schweigend gingen sie weiter in die Stadt, und wenn sie sprachen, dann zu gleichgültigen Themen, ohne sich auf das letzte zu beziehen. Die Hitze des Doktors brach, wie immer, in Krämpfen bei Kleinigkeiten aus. Einmal stolperte er mit dem Zeh und fluchte, leider muss ich das sagen, heftig, genau wie er es im neuen Arkadien getan hätte, wenn einer der Gefängnisvögel, aus denen diese Kolonie bestand, für seine Vorteile undankbar gewesen wäre. Aus irgendeinem merkwürdigen Grund sind Philanthropen nicht die liebenswürdigsten Mitglieder kleiner Familien.

Er gab Holmes die Pergamentrolle, die er in seiner Tasche hatte, blickte ihn dabei scharf an, sagte aber nur, dass, wenn er vorhabe, es zu unterschreiben, es morgen geschehen würde. Als Holmes es entgegennahm, blieben sie vor dem großen Tor der Fabrik stehen. Er ging alleine hinein, Knowles ging die Straße entlang. Eine auf ihre Art seltsame Kleinigkeit fiel ihm später wieder ein. Mit der Papierrolle in der Hand, die die Mühle zu seinem Eigentum machen sollte, ging er auf seine langsame, ernste Art den langen Gang hinunter zu den Webstühlen. Wie immer war eine Menge Träger und Feuerwehrmänner da, und er glaubte, einer von ihnen sei im dunklen Gang an ihm vorbeigekommen und hätte sich hinter einer Lokomotive versteckt. Als der Schatten auf ihn fiel, klapperten seine Zähne mit einem kühlen Schauder. Er lächelte und dachte darüber nach, wie abergläubische Menschen sagen würden, dass gerade jemand auf sein Grab getreten sei oder dass der Tod ihn angeschaut habe, und ging weiter. Danach dachte er darüber nach. Als er durch das Büro ging, hielt ihn der dicke alte Buchhalter Huff mit einer Geschichte auf, die er den ganzen Tag für ihn aufbewahrt hatte. Er erzählte Holmes gern eine Geschichte; er konnte einen Witz verstehen; Es tat einem Mann gut, einen Kerl so lachen zu hören. Holmes lachte, denn die Geschichte war gut, und blieb einen Moment stehen, dann ging er hinein und ließ den alten Kerl über seinem Schreibtisch kichern. Huff wusste nicht, wie dieser Mann in letzter Zeit nach jedem

Lachen eine leichte Verachtung für sich selbst verspürte, als gehörten Witze und Lachen zu einem Selbst, das schon längst tot sein sollte. Wenn der dicke alte Buchhalter es gewusst hätte, hätte er vielleicht gesagt, dass der Mann besser war, als er wusste. Aber dann – armer Huff! Er ging langsam durch die Gassen zwischen den großen Webstühlen. Die Decke über ihnen sah aus wie ein schweres Labyrinth aus Eisenzylindern und schwarzen schwingenden Stangen und Rädern, die sich alle schnell und schwerfällig bewegten. Es reichte aus, dass einem das Gehirn schwindelig wurde, angesichts des scheppernden Donners der Motoren, der sausenden roten und gelben Spindeln und des über alles gleißenden heißen Tageslichts. Die Webstühle wurden von Frauen bewacht, die meisten von ihnen waren mutige, kitschige Mädchen von fünfzehn oder sechzehn Jahren oder Frauen mit mageren Kiefern aus den Hügeln, Ehefrauen der Kohlengräber . Es roch atemlos nach Copperas. Als er durch die aufsteigenden Stockwerke von einem Raum zum anderen ging, hatte er das unbestimmte Gefühl, verfolgt zu werden. Manchmal lauerte ein Schatten hinter den Motoren oder schlich sich in den dunklen Eingängen hinter ihm her. Gab es also am helllichten Tag Geister in Mühlen? Niemand außer den Geistern der Not, des Hungers und des Verbrechens, hätte er wissen können, die nicht auf die Nacht warten, um durch unsere Straßen zu wandeln: die Geister, die der arme alte Knowles für immer begraben wollte.

Holmes ließ sich in der Mühle ein Zimmer einrichten, in dem er schlief. Er ging langsam darauf zu, hielt das Papier fest in einer Hand und blickte durch sein verstohlenes, halb geschlossenes Auge auf die Arbeiter, die Arbeit. Ihm entging nichts. Als er an den Fenstern vorbeiging, blickte er nicht ein einziges Mal auf den prophetischen Traum von Schönheit, den er vermisst hatte. In der Mühle war er der Mühle. Doch er ging langsam, als würde er vor der Aufgabe zurückschrecken, die auf ihn wartete. Warum sollte er? Es war eine einfache Geschäftssache, diese Übertragung von Knowles' Anteil an der Mühle auf ihn selbst; Heute sollte er entscheiden, ob er den Handel abschließen würde. Wenn darunter eine dunkle Geschichte des Unrechts lag, wenn diese einfache Entscheidung für ihn zum Kampf auf Leben und Tod werden sollte, verriet sein kaltes, festes Gesicht nichts davon. Seien wir gerecht zu ihm, stehen wir ihm bei, wenn wir können, inmitten seiner trostlosen Heimat und seines trostlosen Lebens und schauen wir mit seinen kalten, traurigen Augen auf die Tat, die er begehen würde. Trotz der Kraft in seinem ruhigen Gesicht sah er ziemlich trostlos aus, als er durch die große Mühle ging. Ein Mann, der die Kraft hatte, allein zu sein; Dennoch glaube ich, dass seine Mutter es mit all seiner Kraft nicht ertragen konnte, an diesem Tag von den Toten zurückzublicken und ihren Jungen so völlig allein zu sehen. Der Tag war die Krise seines Lebens, auf die er sich jahrelang gefreut hatte; In seiner Hand hielt er einen sicheren Pass zum Glück. Dennoch verschob er die Stunde auf perverse Art und Weise, spielte mit müßigen

Fantasien und verdrängte die eine Frage, die all die vergangenen und kommenden Jahre diesem Tag überlassen hatten, zu entscheiden.

Vielleicht war es eine solche müßige Einbildung, die den Mann dazu veranlasste, vom üblichen Weg in einen schmalen Gang abzubiegen, durch den sich Türen zu kleinen Büros öffneten. Margret Howth war, wie er heute erfahren hatte, im ersten Teil. Er zögerte, bevor er es tat, sein blasses Gesicht wurde ein wenig blasser; Dann fuhr er auf seine harte, ernste Art fort und fragte sich dunkel, ob sie sich an seinen Schritt erinnerte, ob sie ihn jetzt sehen wollte. Früher wusste sie es – sie war die Einzige auf der Welt, die es jemals wissen wollte – dummes Kind! Zweifellos war sie jetzt klüger. Er erinnerte sich, dass er immer geglaubt hatte, wenn diese Frau liebte, dann würde es so sein wie er selbst, mit einem einfachen Vertrauen, das das Unrecht der Jahre nicht antasten konnte. Und einmal hatte er gedacht: Nun ja, er hatte sich geirrt. Arme Margret! So besser es auch war. Sie bedeuteten einander nichts. Sie hatte ihn von sich gestoßen, und er hatte zulassen, dass man ihn von sich trennte. Hätte er anders gehandelt, hätte er jede Lebensperspektive aufgegeben! Dennoch fragte er sich bitter, ob sie ihn für egoistisch gehalten hatte – ob sie geglaubt hatte, es ginge ihm um Geld, wie es die anderen taten. Es spielte keine Rolle, was sie dachten, aber es verletzte ihn unerträglich, dass sie ihm Unrecht tun sollte. Doch trotz alledem war er jedes Mal, wenn er dem Tod entgegensah, mit der Gewissheit, dass er sie dort jenseits finden würde. Dann gäbe es keine Geheimnisse; Dann würde sie wissen, wie sehr er sie immer geliebt hatte. Liebte sie? Ja; Er braucht es sicherlich nicht vor sich selbst zu verbergen.

Er war jetzt an der Tür des Büros; sie war drinnen. Kleine Margret, arme kleine Margret! Tag für Tag kämpft er dort für den alten Vater und die alte Mutter. Was für ein blasses, kaltes kleines Kind sie einmal war! So ein Kind! doch bei seinem Blick oder seiner Berührung entzündete sie sich, als ob ihre Adern mit subtiler Flamme gefüllt wären. Ihre Seele war – wie seine eigene, dachte er. Er wusste , was es war – er allein. Auch jetzt noch strahlte er vor Triumph, weil er wusste, dass er das geheime Leben dieser Frau offen in seinen Händen hielt. Keine andere menschliche Macht könnte jemals in ihre Nähe kommen; er war sicher im Besitz. Sie hatte ihn von sich getrennt; vielleicht war es für beide besser. Ihre Wege waren hier getrennt; denn sie hatte einige unwirkliche Vorstellungen von Pflichten, und er hatte zu viel auf der Welt zu tun, um sich mit Sorgen zu beschäftigen oder eine Stunde in der seltenen Ekstase selbst einer solchen Liebe zu verbringen.

Er ging am Büro vorbei, ohne in seinem langsamen Schritt innezuhalten. Ein plötzlicher Impuls veranlasste ihn, seine Hand auf die Tür zu legen, als er sie berührte: nur eine schnelle, leichte Berührung; aber es hatte die ganze wilde Leidenschaft einer Liebkosung. Er zog es ebenso schnell zurück und ging weiter, während er sich den feuchten Schweiß aus dem Gesicht wischte.

Das Zimmer, das er sich selbst eingerichtet hatte, war weiß getüncht und kaum möbliert; Beim Anblick des eisernen Bettgestells und der Stühle schmerzten die Knochen. Holmes' natürlicher Geschmack war strahlender, wenn auch unterdrückt, als der eines jeden in Safran gekleideten Sybariten. Es bedurfte einer Korrektur, das wusste er; Hier herrschte Disziplin. Außerdem hatte er sich die kommenden drei oder vier Jahre seines Lebens zum Geldverdienen eingeplant, genug für die kommende Zeit. Er würde dieser Arbeit seine ganze Kraft widmen und damit schneller fertig sein. Geld, Ort oder sogar Macht waren für ihn nichts anderes als ein Mittel: Andere Männer schätzten sie wegen ihres Einflusses auf andere. Da seine Arbeit in der Welt nur die Weiterentwicklung seiner selbst war, war es natürlich anders. Was würde es für seine Seele am Tag nach dem Tod bedeuten, wenn Millionen seinen Namen laut tadeln oder loben würden? Würde er dann hören oder antworten? Was würde es ihm dann nützen, wenn er mit ihnen gehungert hätte oder über sie geherrscht hätte? Die Leute sprachen von Wohlwollen. Was würde ihn dann interessieren, das Elend oder das Glück derer, die noch in unserem erbärmlichen Leben arbeiten? Insofern die Ausübung freundlicher Gefühle oder Selbstverleugnung den höheren Teil seiner Natur entwickelte, war dies lobenswert; was die Wirkung auf andere betrifft, mit der er nichts zu tun hatte. Er übte ständig Selbstverleugnung, um die wohlwollenden Instinkte zu stärken. Noch am selben Morgen hatte er Joe Byers, einem halb verhungerten Krüppel, seinen letzten Dollar gegeben. „Hat es mir zugeworfen", sagte Joe, „als würde er einem Hund einen Knochen geben und ihn verfluchen! Wer dankt ihm?" Um die Wahrheit zu sagen, Sie werden keinen besseren Vertreter der großartigen Idee der amerikanischen Soziologie finden als diesen Stephen Holmes, dass das Ziel des Lebens darin besteht, zu WACHSEN. Die Umstände hatten es ihm teilweise aufgezwungen. Als er jetzt in seinem Zimmer saß und die Kosten für die Karriere als Kaufmannsprinz abschätzte, konnte er auf die Zeit einer Kindheit zurückblicken, die er in den Tiefen der Unwissenheit und des Lasters verbracht hatte. Er wusste, was dieses Selbst in ihm war; er wusste, wie es ihn gezwungen hatte, sich nach oben zu tappen, um dieser hungrigen, unersättlichen Seele Luft, Freiheit und Wissen zu geben. Alle Männer um ihn herum machten das Gleiche: stießen und drängten und kämpften, immer höher. Es war das amerikanische Motto: Gehen Sie voran; Mütter brachten es ihren Kindern bei; Das ganze System war eine Skala glitzernder Preise. Er erkannte zumindest die höhere Bedeutung der Wahrheit; er hatte keine geringen Ambitionen. Dieses Selbst in eine höhere Ebene des Seins zu heben, nachdem es seine Verwendungszwecke nicht mehr genutzt hatte , das war seine Aufgabe. Selbsterlösung, Selbsterhebung – die Ideen, die die Hälfte unseres Christentums, die Hälfte unserer Philanthropie hervorbringen und zerstören! Manchmal kämpften schlafende Instinkte des Mannes darum, eine Göttlichkeit zu behaupten, die schrecklicher war als diese wachsende, aus sich selbst existierende Seele, die er Tag für Tag läuterte und analysierte: eine tiefe zärtliches Mitleid mit dem äußeren Schmerz; ein heftiges Verlangen nach Ruhe, nach etwas, nach etwas, egal was. Er unterdrückte solche rebellischen Eingebungen und nannte sie krankhaft. Er nannte es auch krankhaft, die Leidenschaft, die ihm beim bloßen Gedanken an dieses Mädchen unten das starke Blut gefrieren ließ und ihm diese feuchten Tropfen auf die Stirn tropfte.

Er schloss die Tür seines Zimmers fest: Er hatte heute keine Zeit, Besucher zu verweilen. Denn Holmes, ruhig und beständig, war selbst im lockeren Westen gefragt, wenn auch nicht beliebt; einer jener Männer, die unfreiwillig Herren unter den Menschen sind. Gerecht und mild, immer; mit einer besonderen Gabe, die Männer dazu brachte, ihm ihre besten Gedanken mitzuteilen, in dem Wissen, dass sie verstanden würden; Wenn unter der einfachen, wahrheitsgemäßen Art des Mannes ein Kern aus ewigem Feuerstein lag, sah es niemand.

Er legte den Kaufvertrag auf den Tisch; Es war eine ganz und gar praktische Angelegenheit, über die er zu urteilen hatte, aber er würde nichts überstürzt tun. Ein einfaches Geschäftsdokument: Er übernahm den Anteil von Dr. Knowles an der Fabrik; die Zahlungen erfolgen in kurzen Abständen; John Herne sollte sein Unterstützer sein: Es brauchte nur die Namen, um es gültig zu machen. Ganz einfach; Es gab dort keinen Hinweis auf die stillschweigende Übereinkunft, dass es sich bei dem Kaufgeld um eine Mitgift für die Hochzeit handelte. Selbst zwischen Herne und ihm selbst wurde es nie offen in Worte gefasst. Wenn er Miss Herne nicht heiratete, gehörte die Mühle ihrem Vater; Darüber muss natürlich gesprochen und morgen arrangiert werden. Wenn er es dann genommen hat? wenn er sie heiratete? Holmes war arm gewesen, war erbärmlich arm, hatte aber die Stellung und die Gewohnheiten eines vornehmen Mannes. Gott weiß, es war nicht die Absicht, diesen Geschmack zu befriedigen, weshalb er sich an dieses Geld klammerte. All die langsamen Jahre der Arbeit zogen sich vor ihm ab, die vorbei waren – harte, ermüdende Arbeit für das tägliche Brot, als sein Gehirn nach Wissen gehungert hatte und seine Seele durch schmutzigen Handel abgestumpft und entwürdigt war. Sollte das immer so sein? Sollten diese wenigen goldenen Momente des Lebens gegen das Brot und Fleisch eingetauscht werden, das er aß? War er zum Essen und Trinken hier?

Während er mechanisch auf und ab ging, kam ihm eine vage Erinnerung an eine kindische Geschichte über den Mann in den Sinn, der dort stand, wo sich die beiden großen Straßen des Lebens trennten. Sie lagen jetzt offen vor ihm. Geld, Geld – er nahm das Wort in sein Herz, wie es ein Geizhals tun würde. Damit war er frei von diesen quälenden Sorgen, die seinen Geist verdorben und trüben ließen. Wenn er Geld hätte! Langsame, kühle Visionen von Triumphen stiegen vor ihm auf und skizzierten die kommenden Jahre, praktisch, wenn auch utopisch. Langsame und sichere Erfolge von Wissenschaft und Kunst, wo sein Gehirn arbeiten konnte, hilfreich und wachsend. In weiter Ferne, und doch wird er sicherlich kommen – sicherlich für ihn – ein Tag, an dem ein reines soziales System universell sein sollte, seine Lichtfasern ausbreiten und die Nationen der Erde zu einem einzigen verbinden sollte, an dem der unterste Sklave sein Licht finden sollte wahrer Ort und rechtmäßige Arbeit, und stehe auf, wissend, dass es göttlich ist. „Um jedem Menschen die freiste Entwicklung seiner Fähigkeiten zu sichern", sagte er immer wieder über das abgedroschene Dogma hinweg, während die schweren, hasserfüllten Jahre der Armut vor ihm aufstiegen, die ihn niedergetrampelt hatten. „Um ihm die freieste Entwicklung zu sichern", musste er nicht auf St. Simon oder das goldene Jahr warten, dachte er mit trübem Spott; Geld war genug, und – Miss Herne.

Es war merkwürdig, dass die Frau, die er jeden Tag sah, immer in einer Haltung und in einem Kostüm vor seinem geistigen Auge auftauchte. Ist Ihnen diese Besonderheit in Ihrer Erinnerung an einige Personen aufgefallen? Vielleicht würden Sie, wenn Sie genau hinschauen, feststellen, dass in diesem Blick oder der unauslöschlichen Geste, die Ihr Gedächtnis festgehalten hat, ein subtiler Hinweis auf die Verbindung zwischen Ihrer und ihrer Seele liegt . Als Holmes sich nun kühl entschlossen hatte, diese Frau, Gehirn, Herz und Fleisch abzuwägen, um zu wissen, wie sehr sie ein Hindernis darstellen würde, konnte er sie mit dem Sinn seines Künstlers nur als eine so zarte Blüte der Farbe sehen, wie das bloße Auge es konnte Sehnsucht, in einer unbeweglichen Haltung – wie er sie einmal in einer Maskerade oder einem Tableau vivant gesehen hatte. June, ich glaube es war, sie entschied sich, an diesem Abend zu repräsentieren – und mit ihrem üblichen Erfolg; Denn keine Frau kannte ihr Material in Form oder Farbe besser und wusste auch nicht, wie man es verarbeitet. Auch die Lust auf den feuchten, warmen Monat ist keine schlechte Wahl. An einem feuchten Teich oder auf den dichten, mit Gras bedeckten Wiesen wäre manch ein tranceartiger Sommertag vielleicht in einer solchen menschlichen Gestalt versunken. Da waren die vollen Umrisse der Gliedmaßen, die unter warmen grünen Falten verborgen waren, das weiße Fleisch, das leuchtete, wenn man es berührte, als ob eine erstickte Hitze darunter läge, die fesselnden Augen, das schlafende Gesicht, das bernsteinfarbene Haar, das in träger Stille entrollt war, obwohl es gelb war Jasmin vertiefte seinen Farbton zu geschmolzenem Sonnenschein, und eine große Tigerlilie legte ihren schwülen Kopf auf ihre Brust. Juni? Könnte June mit einer höheren poetischen Bedeutung inkarniert werden als die, die diese Frau ihr gab? Mr. Kitts, der Künstler, von dem ich Ihnen erzählte, dachte das nicht und verliebte sich auf der Stelle in June und sie, eine Leidenschaft, die völlig unerträglich wurde, nachdem sie ihm gnädigerweise erlaubt hatte, sie zu zeichnen – zum Wohle der Kunst. Drei Medizinstudenten und eine Anwältin, Miss Herne, wurden bei diesem triumphalen Anlass in einen Zustand hartnäckiger Verzweiflung getrieben. Mr. Holmes hatte vielleicht mit der Darstellung zu kämpfen und bezweifelte, ob ihre Lippe nicht zu dick, ihr Auge zu messingfarben und blassblau für die Königin der Monate wäre; obwohl ich nicht glaube, dass er überhaupt darüber nachgedacht hat. Doch das Bild blieb in seiner Erinnerung hängen.

Als er heute langsam im Zimmer auf und ab ging, dachte er an diese Frau als seine Frau, hellblaue Augen und gelbes Haar und die unreine Süße der Jasminblüten, vermischt mit dem heißen Sonnenschein und den Gerüchen der Mühle. Er konnte sie in keinem anderen Licht sehen. Er hätte es tun können; denn das arme Mädchen hatte ihre anderen Seiten im Blick. Sie hatte einen dieser scharfen, kitschigen Intellekte, deren Besitzer immer als „brillante Frauen, gute Rednerinnen“ bezeichnet werden. Sie war (abgesehen von dem nötigen Sarkasmus, um diesen Ruf aufrechtzuerhalten) eine recht gut gelaunte Seele – wenn ihr niemand im Weg stand. Aber wenn ihre oberflächlichen Tugenden oder Laster für ihn überhaupt spürbar waren, so waren sie doch eins mit der trägen Schönheit des drückenden Sommertages und lasteten gleichermaßen auf ihm mit einem vagen Ekel. Die Frau schwelgte in Parfüm; Ein starker Geruch hing immer um sie herum. Als Holmes jetzt an sie dachte, glaubte er zu spüren, wie es die Luft erstickte, und öffnete das Fenster, um Luft zu holen. Patchouli oder Copperas – was war der Unterschied? Die Mühle und seine zukünftige Frau kamen gemeinsam zu ihm; Es war kaum seine Schuld, wenn er sie als eins betrachtete oder murmelte: „Verdammter Klotz!“ Als er sich zum Schreiben hinsetzte, wurde sein kaltes Auge immer kälter. Aber er diskutierte die Frage nicht mehr; Die Entscheidung war in einem Moment getroffen, fest und unumstößlich.

Wenn das ausgehungerte Herz des Mannes während des langen Tages schwach nach seiner natürlichen Nahrung schrie, nannte er es eine erbärmliche Schwäche; oder wenn ihm der alte Gedanke an das ruhige, reine kleine Mädchen im Büro unten wieder einfiel, wünschte er ihr alles Gute, er hoffte, dass sie bei ihrer Arbeit Erfolg haben würde, er wäre immer bereit, ihr helfend zur Seite zu stehen. So viele Jahre (er schämte sich darüber nachzudenken, wie viele) hatte er den Gedanken an dieses Mädchen als seine Frau in der Zukunft aufgebaut und die Kraft seiner Seele in die Hoffnung gesteckt, als ob Liebe und die häuslichen Pflichten von Ehemann und Vater das wären, was das Leben ausmachte gegeben! Eine kindische Fantasie, dachte er. Damals hatte er noch nicht gelernt, dass alle Träume der Selbstachtung und dem Selbstwachstum weichen müssen. Dieses Leben in Armut und Seelenverhungerung um ein wenig Liebe willen auf sich zu nehmen, wäre ein schändliches Märtyrertum, die Opferung eines großartigen, unermesslichen Lebens für ein oberflächliches Vergnügen. Er war jetzt kein junger Mann mehr; er hatte keine Zeit zu verlieren. Arme Margret! er fragte sich, ob es ihr wehtat?

Er unterschrieb die Urkunde und hinterließ sie auf die langsame, ruhige Art, die für ihn natürlich war, und nach einer Weile bückte er sich, um den Hund sanft zu streicheln, der versuchte, seine Hand abzulecken – mit leicht zitternden harten Fingern und unterdrückter Wildheit im halbgeschlossenen Auge, wie ein Mann, der gefoltert und allein ist.

In anderen Häusern als den Tuilerien spielt sich ein erbärmliches Drama ab, in dem Männer das Herz einer Frau auf ihrem Weg zum Erfolg entdeckt und mit eisernen Füßen niedergetrampelt haben. Männer wie Napoleon müssen das Gesetz ihrer Natur ausleben, nehme ich an – auf einem Thron oder in einer Mühle.

So viele Kleinigkeiten erweckten an diesem Tag den Unterstrom alter Gedanken und alter Hoffnungen, die ihn verspotteten – Kleinigkeiten, die er zu einem anderen Zeitpunkt nicht beachtet hätte. Pike kam geschäftlich herein, einen Haufen Geldscheine in der Hand. Er hatte ein schlaues, scharfes Auge, mit dem er sie beobachtete – ein hageres Gesicht, das nur durch List betont wurde. Kein Wunder, dass Dr. Knowles ihn als „schlüpfrigen Kunden“ verfluchte und in der nächsten Stunde von ihm betrogen wurde. Während er und Holmes die Scheine zählten, kroch ein kleines weißhaariges Mädchen schüchtern zur Tür herein und kam an den Tisch – seltsam gekleidet, in einem Kleid mit großen Hornknöpfen und mit altmodischer Besorgnis Paar Augen, die Farbe des blauen Delft. Holmes strich ihr Haar glatt, als sie neben ihnen stand; denn er konnte nie anders, als Kinder oder Hunde zu streicheln. Pike blickte scharf auf – dann lächelte er halb, während er weiter zählte.

„Neunzig, fünfundneunzig UND einhundert, alles klar“ – und band ein Stück Klebeband um die Papiere. „Meine Sophy, Mr. Holmes. Gutes Mädchen, Sophy ist es. Bringen Sie sie manchmal mit zur Mühle“, sagte er entschuldigend, „damit wir sie nicht alleine lassen. Sie wird einsam im Haus.“

Holmes warf einen Blick auf Pikes Filzhut, der auf dem Tisch lag: Darauf lag ein rostiger Streifen Krepp.

„Ja“, sagte Pike mit leiserer Stimme, „ich bin jetzt sowohl Vater als auch Mutter für Sophy.“

„Das hatte ich nicht gehört“, sagte Holmes freundlich. „Wie wäre es jetzt mit den Jungs?“

„Pete und John sind beide nach Westen gegangen“, sagte der Mann und seine Augen leuchteten eifrig. „Es sind so gute Jungs wie immer, die aus Indiana gekommen sind. Gute Ratschläge, die ich ihnen beiden gebe . Ich habe mein ganzes Leben lang den Mangel daran gespürt . Gute Ratschläge . Sagte ich: ‚Jetzt, Jungs, ihr habt euer Glück.‘ Nichts hindert Sie daran , Präsident zu sein. Mal sehen, was in Ihnen steckt, sage ich. Es geht ihnen also gut. Hat mir geschrieben, dass ich im Herbst rauskomme. Aber ich möchte lieber weitermachen und sammeln Ich werde hier noch ein wenig für Sophy aufstehen, bevor ich mit der Arbeit aufhöre.

Er tätschelte Sophys gebräunte kleine Hand auf dem Tisch, als würde er eine sanfte Melodie anstimmen. Holmes faltete die Scheine zusammen. Sogar dieser Mann konnte sich in seinem harten, geizigen Leben Zeit nehmen, um zu lieben, geliebt zu werden und großzügig zu sein! Aber dann hatte er kein höheres Ziel, wusste nichts Besseres.

„Nun“, sagte Pike und erhob sich, „falls Sie die Mühle in die Hand nehmen, Mr. Holmes, hoffe ich, dass wir uns einig sind. Ich werde mein Bestes geben“, – in der alten schmeichlerischen Art, auf die Holmes reagierte nickte kurz als Antwort.

Chayney “ -Stückchen aufsammeln konnte, mit denen sie eine Teeparty auf dem Tisch veranstaltete, und ging die Treppe hinunter.

Gegen Abend ging Holmes hinaus – nicht durch den schmalen Gang, der zu den Büros führte, sondern umging ihn auf einem Umweg. Wenn es ihm Schmerzen bereitete, darüber nachzudenken, warum er es getan hatte, so ließ er es sich in seinem ruhigen, aufmerksamen Gesicht nicht anmerken. Während er ging, knöpfte er seinen Mantel zu: Der Oktobersonnenuntergang schien warm zu sein, aber ihm war tödlich kalt. Auf der Straße bedrängte ihn der junge Arzt erneut mit Verbeugungen und Nachrichten: Cox war sein Name, glaube ich; Sie erinnern sich, derjenige, der so ein Talleyrand-Gespür dafür hatte, erfolgreiche Männer aufzuspüren. Allerdings musste er ihn nur für ein paar Augenblicke ertragen. An der Ecke trafen sie auf eine Schar von Arbeitern, von denen einer, ein frisch gewaschener alter Mann mit ehrlichen Augen, die aus einer Hornbrille blickten, an einer Feuerstelle auf sie wartete. Es war Polston , der Kohlengräber – tatsächlich ein Bekannter, ein entfernter Verwandter von Holmes.

„Merkwürdiger Mensch, der dir da drüben Zeichen macht“, sagte Cox; „Hand, nehme ich an.“

„Mein Cousin Polston . Wenn du ihn nicht kennst, entschuldigst du mich?“

Cox schnupperte in der Straßenluft und drehte im Gehen sein Rattan.
Der Kohlengräber grüßte schroff und distanziert und kam direkt zur Sache.

„Ich werde Sie nur eine Minute behalten, Mr. Holmes"——

„Stephen", korrigierte Holmes.

Das Gesicht des alten Mannes erwärmte sich.

, streckte er seine Hand aus, „ spüre , dass alte Zeiten anbrechen ,
schäme dich nicht , Stephen ? Er ist wieder da."

„Zurück? Ich habe ihn heute gesehen, als er mir in die Mühle folgte.
Sein Haar ist grau? Ich glaube, er war es."

„Kein Zweifel. Ja, er ist schnell gealtert, unten im Gefängnis; er geht
schnell bis zum Ende. Schwach, porenartig. Es ist ein schlechtes Leben, das
von Joe Yare ; ich wünschte, es wäre besser Ende"--

Er hielt inne und warf Holmes einen wehmütigen Blick zu, der
äußerlich aufmerksam dastand, aber kaum einen Gedanken an Joe Yare
verschwendete. Der alte Kohlengräber trommelte unruhig auf dem
Feuerstecker.

„Ich selbst habe es Lois zuliebe erwähnt . Um es im Klaren zu sagen:
Die Stokes-Affäre wird dir etwas ausmachen, die Notiz ist gefälscht? Ja? Das
weiß niemand außer dir und mir. " Er ist in Sicherheit, Yare, nur Pelz, du
und ich. Du sprichst die Wunde und zurück geht er ins Gefängnis. Pelzleben.
Verstehst du ?"

"Ich verstehe."

„Er versucht , es richtig zu machen, Yare."

Der alte Mann fuhr fort, versuchte, nicht eifrig zu sein und beobachtete
Holmes' Gesicht.

„Er versucht es. Schickt ihn zurück – du weißt, wie DAS enden wird.
Es scheint, als hätten wir seine Seele in unseren Händen. Angenommen , was
denkst du , wenn wir ihm eine Chance geben? Das ist so Er fürchtet sich. Ich
sehe, wie er dich beobachtet . Was denkst du , wenn wir ihm eine Chance
geben?" er packt Holmes am Ärmel. „Er ist alt, und er versucht es. Heh?"

Holmes lächelte.

„Wir haben nicht das Gesetz gemacht, das er gebrochen hat.
Gerechtigkeit geht vor Gnade. Habe ich dich nicht schon vor langer Zeit so
mit Sam reden hören?"

Der alte Mann lockerte seinen Griff um Holmes' Arm und blickte
unsicher und enttäuscht die Straße auf und ab.

„Das Gesetz. Ja. Das ist richtig! Du bist nur ein Mann, Stephen Holmes."

"Und doch?"--

„Ja. Ich weiß nicht . Law hat recht, aber Yare hatte eine schlechte Chance, und er versucht es . Und wir schicken ihn in die Hölle. Irgendwas stimmt nicht. Aber ich denke, du bist gerecht Mann", blickte Holmes scharf ins Gesicht.

„Eine schwierige Frage, sagen die Leute", sagte Holmes nach einer Pause, als sie weitergingen.

Er hatte nur halb mit sich selbst gesprochen und keine Antwort erhalten. Irgendein schwärzerer Schatten beunruhigte ihn als das Schicksal des alten Yare .

„Meine Mutter war eine harte Frau – kannten Sie sie?" sagte er abrupt.

„Sie war einfach, wie du . Sie war eine der Auserwählten , sagte sie. Mercy ist für sie – und draußen Gerechtigkeit. Das ist eine Erzählung ." Ich zeige es, denke ich .

„Mein Vater war draußen", sagte Holmes, eine alte Bitterkeit stieg in seinem Ton auf, und in seinen grauen Augen leuchtete ein unverschämtes Unrecht auf.

Polston sagte einen Moment lang kein Wort.

„ Ich kann keine Bosheit gegen sie hegen. Sie sind jetzt tot. Es war ihr nicht überlassen, ihn dort drüben zu verurteilen. Ja, schon Der Stephen deines Vaters , mal. Hungrig, erbärmlich, wie Frauen . Er war nicht zuletzt verzweifelt . Stark betrunken – daran gestorben, weißt du . Aber SIE tötete ihn – die Sünde wurde für sie aufgeschrieben . Als wir noch Jungen waren , habe ich nie einen Jungen so geliebt wie ihn .

Es herrschte kurzes Schweigen.

„ Du bist wie deine Mutter", sagte Polston und bemühte sich um einen leichteren Ton. „Hier" – deutete auf die schweren Eisenbacken. „Sie hat nie – losgelassen. Irgendwie hatte sie auch das Gesetz auf ihrer Seite, indem sie äußerlich zeigte , und das Richtige. Aber ich habe die Religion gehasst, wie ich sie kenne . Nun, es ist der Tag, an dem man Dinge machen muss Klar, komm schon.

Sie hatten jetzt die Ecke erreicht und Polston bog in die Straße ein.

„Du denkst an Yares Fall?" er sagte.

„Ja. Aber wie kann ich das ändern", sagte Holmes leichthin, „wenn ich hier wie meine Mutter bin?" – er legte seine Hand an seinen Mund.

„Gott hilf uns, wie kannst du ? Es ist schwer vorstellbar, dass Vater und Mutter ihre Seelen in ihren Kindern streiten lassen , weil die Liebe sie hier eins machen wollte ."

Während er sprach, glitzerte etwas auf der Straße: die silbernen Halterungen eines niedrig hängenden Phaetons, der von zwei mexikanischen Ponys gezogen wurde. Ein oder zwei Herren zu Pferd waren daneben und begleiteten eine Dame drinnen, Miss Herne. Als sie vorbeiging, drehte sie ihr schönes Gesicht und ihre blassen, gierigen Augen um und hob träge die Hand, um Holmes zu erkennen. Polstons Gesicht errötete .

„Ich habe gehört ", sagte er und streckte seine schmutzige Hand aus. „Ich wünsche dir alles Gute, Stephen, Junge. Und der alte Oman auch . Kommst du uns bald besuchen? Du siehst erschöpft aus, und deine Augen ähneln immer mehr denen deines Vaters. Ich Ich bin froh, dass sich die Dinge mit dir gut entwickeln . Und du wirst nie so sein wie er, wegen der Krankheit verhungern und ohne sie sterben müssen. Ich bin froh, dass du wahre Liebe hast . Sie hätte ein schönes Gesicht, denke ich. Ich wünsche dir alles Gute, Stephen."

Holmes schüttelte die schmutzige Hand, blieb dann einen Moment stehen und blickte zurück zur Mühle, aus der die Hände gerade kamen, und dann hinunter auf den Phaeton, der müßig die Straße entlangfuhr. Wie kalt es wurde! Die Leute, die vorbeikamen, sahen kränklich aus, als wären sie von der Pest befallen. Er strich das feuchte Haar zurück, wischte sich die Stirn, warf einen weiteren Blick auf die Mühlenfrauen, die aus dem Tor kamen, und folgte dann dem Phaeton den Hügel hinunter.

KAPITEL VI.

Eine Stunde später brach der Abend schwül an, die Luft war trüb und undurchsichtig, und gelbe Farbspuren zogen im Westen: eine düstere Stille in den Wäldern und Bauernhöfen; eigentlich nur die dunkle, unerklärliche Stille, die einem Sturm vorausgeht. Aber Lois, die die Hügelstraße herunterkam, vor sich hin sang und mit ihrem Peitschenende auf dem Holzmaß den Takt hielt, blieb stehen, als ihr das bewusst wurde. In ihrer verschwommenen Vorstellung erschien es ihr mehr als ein betäubender Himmel: etwas Feierliches und Unbekanntes, das auf das kommende Böse hindeutete. Die Zwergkiefern am Straßenrand starrten sie schwach durch das Grau an; Die sehr silbernen Elritzen in den Teichen, an denen sie vorbeikam, schossen erschrocken davon und verdunkelten sich in den schlammigen Nischen. In der plötzlichen Stille lag eine unbestimmte Angst. Sie rief den alten Esel und ging schneller den Hügel hinunter, als flüchtete sie einer überhängenden Gefahr, die unsichtbar war. Sie sah Margret die Straße heraufkommen. Hinter Lois standen ein Phaeton und einige Reiter. Sie lenkte den Karren in die Steine, um sie passieren zu lassen, und sah dabei Mr. Holmes' Gesicht in der Kutsche. Er sah sie nicht an; hatte seinen Kopf der grauen Ferne zugewandt. Lois' lebhafter Blick erfasste die volle Bedeutung der Frau neben ihm. Das Gesicht tat ihr weh: nicht fair, wie Polston es nannte: fade und grausam. Sie war in Gelb gekleidet: Die Farbe schien den sensiblen Instinkt des Mädchens zu verspotten und zu verspotten, das auf jede Kleinigkeit aufmerksam war. Sie wusste nicht, dass es die Farbe der Täuschung ist und dass Frauen wie diese die tödlichste aller Täuschungen sind. Als der Phaeton langsam nach unten fuhr, kam Margret näher und traf ihn am Straßenrand, der Staub von den Rädern erstickte die Luft. Lois sah, wie sie aufblickte und dann plötzlich stehen blieb und sich am Zaun festhielt, als sie ihr begegneten. Holmes' kalter, wandernder Blick richtete sich auf die kleine, staubige Gestalt, die dort stand, arm und verachtet. Polston nannte seine Augen hungrig: Es war ein wilder Hunger, der jetzt in ihnen aufstieg; Ein grauer Schatten kroch über sein starres Gesicht, als er sie in diesem blitzenden Moment ansah. Der Phaeton war augenblicklich verschwunden und ließ sie allein auf der Straße zurück. Einer der Männer schaute zurück und flüsterte der Dame dann lachend etwas zu. Als er fertig war, wandte sie sich an Holmes, richtete ihren hellen, verwirrten Blick auf sein Gesicht und milderte ihre Stimme.

„Fred schwört, dass die Frau, an der wir vorbeikamen, deine erste Liebe war. Warst du denn so ritterlich? Sollte es eine zweite Geliebte von ‚König Cophetua und das Bettlermädchen' gewesen sein?"

Er begegnete ihrem Blick und erkannte die heftige Forderung in der Sanftheit und Persiflage. Er gab keine Antwort darauf, aber als er sich zu ihr umdrehte, wurde er zu dem Mann, den sie so stolz als ihre Gefangennahme zeigen konnte – ein Mann, der weit entfernt von Stephen Holmes war. Sie nannte ihn brillant , offenherzig, gewinnend, großzügig. Sie glaubte, ihn gut zu kennen; hielt ihn als Sklaven ihrer flatternden Hand. Sie war stolz auf ihren Sklaven und ließ die Hand nun irgendwie mit ein paar Blumen nach unten flattern, bis sie seine harten Finger berührte und ihre Wange rot wurde. Die kraftlose, schwammige Hand – was für einen tödlichen Griff hatte sie um sein Leben! Er blickte kein einziges Mal zurück auf die regungslose, staubige Gestalt auf der Straße. Was hatte Polston über das Verhungern für ein freundliches Wort gesagt? LIEBE? Er hatte das kranke Gerede satt und verdrängte es mit wilder Verachtung aus seinem Herzen. Er erinnerte sich, dass sein Vater in der Nacht, in der er starb, in seinen schwachen Schwärmereien gesagt hatte, dass Gott Liebe sei. War er? Kein Wunder also, dass er der Gott der Frauen, Kinder und erfolglosen Männer war. Für ihn war es damit erledigt. Er war mit einem stärkeren Ziel hier, als den Schwächen des Fleisches nachzugeben. Er hatte seine Wahl getroffen : einen geraden, harten Weg nach oben; Er war jetzt und für immer taub gegenüber jedem Wort der Freundlichkeit oder des Mitleids. Was diese Frau an seiner Seite betrifft, so würde er ihr gegenüber gerecht sein, gerecht gegenüber sich selbst: Sie sollte niemals den Abscheu in seinem Herzen erfahren: gerecht gegenüber ihr wie gegenüber allen Lebewesen. Ein kleiner, gemeiner Zweifel unterhielt ein mürrisches Flüstern von „gekauft und verkauft", „ verkauft", aber er lachte darüber. Er saß da, den Kopf fest zu ihr gewandt: ein königliches Gesicht, nannte sie es, und sie hatte Recht – es war ein königliches Gesicht: mit dem gleichen oberflächlichen, starren Lächeln auf seinem Mund – kein müder Schrei erhob sich zu Gott diesen Tag, der in seinem Pathos so schrecklich ist, denke ich: mit dem gleichen dumpfen Bewusstsein, dass dies die Prüfungsnacht seines Lebens war, – dass er mit der heimeligen Gestalt am Straßenrand der Liebe und dem freundlichen Glück und der Wärme den Rücken gekehrt hatte, auf alles, was auf der Welt schwach und nutzlos war. Er hatte seine Wahl getroffen; er würde sich daran halten , – er würde sich daran halten. Er sagte das immer und immer wieder und dämpfte damit den Todeszwang in seinem empörten Herzen.

Fräulein Herne war ganz zufrieden, als sie neben ihm saß, mit sich selbst und der bewundernden Welt. Sie hatte keine Ahnung von Probenächten im Leben. Es gab nicht viele Versuchungen, die ihr gefühlloses, schlaffes Temperament durchdrangen, um sie zur Niederlage oder zum Triumph zu zwingen. Für sie gab es in diesen Menschen, an denen sie vorbeikam, keinen unterschwelligen Konflikt zwischen sich selbst und der unsichtbaren Macht, die Holmes verspottete und deren Name Liebe war; Sie waren nichts weiter als bewegliche Gegenstände, angenehm oder hässlich anzusehen, gut oder schlecht gekleidet. Es gab keine dunklen Eisenstangen in ihrem Leben, an denen sich ihre Seele festklammern und wie wild schütteln konnte – nichts „auf der Welt war falsch, das nach und nach enträtselt werden könnte". Die kleine Margret, die an der schlammigen Straße saß und ihre Finger stumpf in die Kleewurzeln vergrub, während sie die Stelle betrachtete, an der die Räder vorbeigefahren waren, sah das Leben vielleicht anders – oder den alten Joe Yare am Ofenfeuer , sein schwarzes Gesicht und seine grauen Haare beugten sich über ein zerrissenes altes Buchstabierbuch, das Lois ihm gegeben hatte. Die Nacht würde ihnen vielleicht mehr bedeuten als so viele verregnete Stunden zum Schlafen – die Zeit, auf die sie in künftigen Leben als die Stunde zurückblicken würden, in der Gut und Böse über sie kamen und sie ihre Wahl trafen, und wie Holmes sagte, hat sich daran gehalten.

Es wurde kühl und dunkler. Holmes verließ den Phaeton, bevor sie die Stadt erreichten, und kehrte um. Er wollte diese Margret Howth aufsuchen und ihr sagen, was er vorhatte. Weil er eine saubere Bilanz hinterlassen würde. Niemand sollte ihm mangelnde Ehre vorwerfen . Dieses Mädchen als einziges aller Lebewesen hatte das Recht, ihn so zu sehen, wie er dastand, gerechtfertigt vor sich selbst. Warum sie dieses Recht hatte, konnte er sich, glaube ich, nicht selbst beantworten. Außerdem muss er sie sehen, und sei es nur aus geschäftlichen Gründen. Sie muss ihren Platz in der Mühle behalten: Er würde sein neues Leben nicht mit einer ungerechten Tat beginnen, indem er Margret das Brot aus dem Mund nimmt. KLEINE MARGRET! Er blieb plötzlich stehen und blickte in ein tiefes Wasserbecken am Straßenrand. Welcher Wahnsinn der Müdigkeit ihm in diesem Moment durch den Kopf ging, weiß ich nicht. Er schüttelte es ab. War er verrückt? Für ihn war das Leben mehr wert als für andere Männer, dachte er; und vielleicht hatte er recht. Er ging langsam durch die kühle Dämmerung und blickte über die Felder hinauf zum blassen, verängstigten Gesicht des Mondes, der in Wolken gehüllt war; er wagte es nicht, mit all seiner eisernen Nerven auf die dunkle Gestalt hinter ihm auf der Straße zu blicken. Sie saß genau dort, wo er sie zurückgelassen hatte: Er wusste, dass sie es sein würde. Als er näher kam, stand sie auf, ohne ihn anzusehen; aber er sah, wie sie die Hände hinter dem Rücken verschränkte und die Finger schwach aneinander zupften. Es war eine alte, kindische Art von ihr, wenn sie Angst hatte oder verletzt war. Es brauchte nur ein Wort, und er konnte ruhig und bestimmt sein – sie war im Vergleich zu ihm so ein Kind: Er hatte sie immer so gesehen. Er ging langsam auf sie zu und blieb stehen; Als sie ihn ansah, band er die leinene Haube auf, die ihr Gesicht verbarg, und warf sie zurück. Wie dünn und müde war das kleine Gesicht geworden! Armes Kind! Er legte freundlich seinen starken Arm um sie und beugte sich herab, um ihre Hand zu küssen, aber sie zog sie zurück. Gott! Warum hat sie das getan? Wusste sie damals nicht, dass er seinen Kopf unter ihren Fuß legen konnte, so wütend war er vor Mitleid mit der Frau, der er Unrecht getan hatte? Nicht Liebe, dachte er und beherrschte sich, es war nur Gerechtigkeit, freundlich zu ihr zu sein.

„Du warst in den zwei Jahren, in denen ich weg war, krank, Margret?"

Er konnte ihre Antwort nicht hören; sah nur, dass sie mit einem weißen, mitleiderregenden Lächeln aufblickte. Es brauchte nur ein Wort, dachte er, sehr freundlich und bestimmt: und er musste schnell sein, so lange konnte er es nicht ertragen. Aber er hielt die kleinen abgenutzten Finger fest und streichelte sie mit unaussprechlicher Zärtlichkeit.

„Du musst diese Finger für mich arbeiten lassen, Margret", sagte er schließlich, „wenn ich Herr in der Mühle bin."

„Es ist also wahr, Stephen?"

„Es ist wahr, – ja."

Sie hob unsicher ihre Hand an ihren Kopf: Er hielt sie fest und ließ sie dann los. Welches Recht hatte er, den Staub auf ihren Schuhen zu berühren , die er kaufte und verkaufte? Sie sprach eine Zeit lang nicht; Als sie es tat, war es eine schwache und kranke Stimme.

„Ich bin froh. Ich habe sie gesehen, wissen Sie. Sie ist sehr schön."

Die Finger zupften wieder aneinander; und ein seltsames, leeres Lächeln auf ihrem Gesicht, das versuchte, froh auszusehen.

„Du liebst sie, Stephen?"

Er war jetzt ruhig und fest genug.

„Das tue ich nicht. Ihr Geld wird mir helfen, das zu werden, was ich sein sollte. Ihr liegt nichts an der Liebe. Du willst, dass ich Erfolg habe, Margret? Niemand hat mich jemals so verstanden wie du, obwohl du ein Kind warst."

Ihr ganzes Gesicht strahlte.

„Ich weiß! Ich weiß! Ich habe dich verstanden!"

Sie sagte nach einer Weile tiefer :

„Ich wusste, dass du sie nicht liebst."

„So etwas wie Liebe gibt es im wirklichen Leben nicht", sagte er mit seiner gestählten Stimme. „Das wirst du wissen, wenn du älter wirst. Ich selbst habe einmal daran geglaubt."

Sie sprach nicht, beobachtete nur die langsame Bewegung seiner Lippen und sah ihm nicht in die Augen, wie sie es früher zu tun pflegte. Welcher geheime Bericht auch immer zwischen den Seelen dieses Mannes und dieser Frau lag, kam jetzt ans Licht und stand ihnen offen ins Gesicht geschrieben.

„Früher dachte ich, dass ich auch liebe", fuhr er in seinem tiefen, harten Ton fort. „Aber es hat mich zurückgehalten, Margret, und"——

Er schwieg.

„Ich weiß, Stephen. Es hat dich zurückgehalten."——

„Und ich habe es weggelegt. Ich habe es heute Nacht weggelegt, für immer."

Sie sprach nicht; stand ganz still da, den Kopf auf die Brust gesenkt. Sein Gewissen war jetzt rein. Aber er wünschte fast, er hätte es nicht gesagt, sie war so ein schwaches, kränkliches Ding. Schließlich setzte sie sich hin, vergrub ihr Gesicht in ihren Händen und schluchzte zitternd. Er traute sich nicht , noch einmal zu sprechen.

„Ich bin nicht stolz – wie eine Frau sein sollte", sagte sie müde, als er ihr die feuchte Stirn abwischte.

„Du hast mich also geliebt?" er flüsterte.

Ihr Gesicht strahlte angesichts des unmännlichen Triumphs; Ihr kümmerlicher Körper richtete sich auf, weg von ihm.

„Ich habe dich geliebt, Stephen. Ich habe dich geliebt – wie du sein könntest, nicht wie du bist – nicht mit diesen unmenschlichen Augen. Ich verstehe dich – das tue ich. Ich weiß, dass du ein besserer Mann bist, als du denkst." dich selbst heute Nacht.

Sie drehte sich zum Gehen um. Er legte seine Hand auf ihren Arm; etwas, das wir noch nie in seinem Gesicht gesehen hatten , kämpfte sich hoch – die bessere Seele, die sie kannte.

„Komm zurück", sagte er heiser; „Lass mich nicht allein. Komm zurück, Margret."

Sie kam nicht; stand da und lehnte, ihre Kraft war plötzlich verschwunden, an der zerbrochenen Wand. Es herrschte tiefes Schweigen. Die Nacht pulsierte langsam um sie herum. Irgendein verspäteter Vogel erhob sich aus den Riffen des Teiches, schlug mit einem erschrockenen Schrei mit seinen müden Flügeln und trieb in die Dunkelheit. Seine Augen verschlangen durch den zunehmenden Schatten den schwachen, zitternden Körper und trafen auf die Seele, die ihn ansah, stark wie seine eigene. Lag es daran, dass alles, was rein und stark in seiner zerschmetterten Natur war, wahnsinnig darum kämpfte, frei zu werden, weil es ihn kannte und ihm vertraute? Er warf es nieder; Die selbst gelernte Lektion der Jahre war nicht in einem Moment zu bewältigen.

„Es gab Zeiten", sagte er mit erstickter, unruhiger Stimme, „da dachte ich, du gehörst zu mir. Nicht hier, sondern vor diesem Leben. Meine Seele und mein Körper dürsten und hungern also nach dir, Margret."

Sie antwortete nicht; Ihre Hände arbeiteten schwach zusammen, das trübe Blut floss in ihren Adern in Ohnmacht.

Ich wusste nur, dass die Nacht unerträglich um sie gähnte, dass sie allein war und dass sie verrückt vor dem Alleinsein war. Kein Gedanke an den Himmel oder Gott in ihrer Seele; ihre sehnsüchtigen Augen sahen nur ihn. Der starke, lebendige Mann, den sie liebte: Ihr müdes Herz raste und sehnte sich danach, sich für eine Minute auf seine muskulöse Brust zu legen und dort zu sterben – das war alles.

Sie rührte sich nicht: Unter dem Schmerz lag Kraft, wie Knowles dachte.

Er kam näher und streckte seine Arme dorthin , wo sie stand – das schwere, herrschaftliche Gesicht war bleich und nass.

„Ich brauche dich, Margret. Ich werde jetzt nichts ohne dich sein. Komm, Margret, kleine Margret!"

Dann kam sie zu ihm und legte ihre Hände in seine.

„Nein, Stephen", sagte sie.

Wenn in ihrem Ton Schmerz zu hören war, hielt sie ihn ihm zuliebe leise.

„Niemals, ich könnte dir nie helfen, so wie du bist. Vielleicht war es einmal so. Auf Wiedersehen, Stephen."

Ihre kindliche Art erinnerte ihn an die alten Zeiten, als ihm dieses Mädchen lieber war als seine eigene Seele. Sie war es noch. Er hielt sie dicht an seine Brust und sah ihr in die Augen. Sie bewegte sich unruhig; sie wagte es nicht, sich selbst zu vertrauen.

"Sie werden kommen?" er sagte. „Es hätte sein können – es wird wieder so sein."

„Vielleicht", sagte sie demütig. „Gott ist gut. Und ich glaube an dich, Stephen. Ich werde eine Zeit lang dein sein; wir können es nicht ändern, wenn wir wollten: aber nicht so, wie du bist."

"Du liebst mich nicht?" sagte er und warf sie weg, sein Gesicht wurde weiß.

Sie sagte nichts, zog ihren feuchten Schal um sich und drehte sich zum Gehen um. Einen Moment lang standen sie da und sahen sich an. Wenn die dunkle, quadratische Gestalt, die dort stand, ein eisernes Schicksal gewesen war, das ihr junges Leben in hoffnungsloses Elend gestürzt hatte, vergaß sie es jetzt. Frauen wie Margret neigen dazu, zu vergessen. Sein Blick ließ in seiner grimmigen Frage nie nach.

„Ich werde dort auf dich warten, wenn ich zuerst sterbe", flüsterte sie.

Er kam näher und wartete auf eine Antwort.

„Und – ich liebe dich, Stephen."

Er nahm sie in seine Arme und legte seine kalten Lippen wortlos auf ihre; Dann drehte er sich um und verließ sie langsam.

Sie machte kein Zeichen, vergoss keine Träne, während sie dastand und ihm nachsah. Es war alles vorbei: Sie hatte es selbst gewollt, und doch – er konnte nicht gehen! Gott würde es nicht dulden! Oh, er konnte sie nicht verlassen, – er konnte nicht! – Er ging langsam den Hügel hinunter. Wenn es für sie eine Prüfung auf Leben und Tod war, wusste er es oder kümmerte er sich darum? – Er blickte nicht zurück. Was wäre, wenn er es nicht täte? sein Herz war wahr; er litt beim Gehen; selbst jetzt ging er müde. Gott vergib ihr, wenn sie ihm Unrecht getan hatte! – Was machte es schon, wenn er in diesem Leben hart war und es ihr ein wenig weh tat? Es würde irgendwann kommen . Aber das Leben war lang. – Sie wollte sich nicht hinsetzen, so krank sie auch war: Er könnte sich umdrehen, und es würde ihn ärgern, sie leiden zu sehen . – Er ging langsam; Einmal blieb er stehen, um etwas aufzuheben. Sie sah das tief eingeschnittene Gesicht und die halb geschlossenen Augen. Wie oft hatten diese Augen in ihre Seele geblickt und sie hatte geantwortet! Sie würden nie mehr so aussehen. – An der Stelle, an der die Straße in die Stadt einmündete, stand ein Baum. Wenn er zurückkam, würde er sich sicher dorthin wenden . – Wie müde und langsam er ging! – Wenn er krank wäre, könnte diese schöne Frau in seiner Nähe sein, – ihm helfen. – SIE würde seine Hand nie wieder berühren, – Nie wieder, nie – es sei denn, er kam jetzt zurück. – Er war in der Nähe des Baumes: Sie schloss die Augen und wandte sich ab. Als sie noch einmal hinsah, lag dort nur die kahle Straße, gelb und nass. Jetzt war es vorbei.

Wie lange sie dort saß, wusste sie nicht. Sie versuchte ein- oder zweimal, zum Haus zu gehen, aber die Lichter schienen so weit weg zu sein, dass sie es aufgab und still und bewusstlos dasaß, bis auf die feuchte Steinmauer, an die ihr Kopf lehnte, und das Stück schlammiger Straße. Irgendwann, sie wusste nicht wann, erklang ein schwerer Schritt neben ihr, und eine grobe Hand schüttelte ihre, wo sie sich bückte, und zeichnete schwach die

Mörtellinien zwischen den Steinen nach. Es war Knowles. Sie blickte verwirrt auf.

„Auf der Jagd nach Katarrhen, was?" Er knurrte und beäugte sie aufmerksam. „Ich habe deinen Vater auf den Bourbonen erwischt, also habe ich die Chance genutzt, zu dir zu kommen und dich zu finden. Er wird MICH eine Stunde lang nicht vermissen. Dieser Mann hat ein natürliches Verlangen nach Verrat am Volk. Herr, Margret! Was für ein steifer alter Kopf er." „Hätte zur Guillotine getragen! Wie er auf die Canaille geschaut hätte!"

Er half ihr sanft auf.

„Deine Haube ist wie ein nasser Lappen" – mit einem verstohlenen Blick in das abgenutzte Gesicht. Immer ein hungriges Gesicht, da ihr Leben nicht von den paar geizigen Krümeln des Guten genährt wurde; aber heute Abend war es leer und voller Verlust.

Sie stand auf, versuchte fröhlich zu lachen und ging neben ihm die Straße entlang.

„Du hast heute Abend das Gemälde Isebels gesehen, und" – – hielt abrupt inne.

Sie hatte ihn nicht gehört, und er folgte ihr beharrlich, mit gelegentlichem Schnauben oder Grunzen oder anderen unartikulierten Bemerkungen über den hartnäckigen Schlamm. Schließlich hielt sie mit einem kurzen Keuchen inne. Als er sie ansah, rieb er ihre schlaffen Hände und sein riesiges, unhöfliches Gesicht wurde blass. Als es ihr besser ging, sagte er ernst:

„Ich will dich, Margret. Nicht zu Hause, Kind. Ich möchte dir etwas zeigen."

Er bog mit ihr plötzlich von der Hauptstraße in einen Nebenweg ein, half ihr weiter, beobachtete sie verstohlen, fuhr aber mit seinem unzusammenhängenden, bärischen Knurren fort. Wenn es ihr Schmerzen bereitete und sie ärgerte, war es ihm egal.

„Ich möchte dir ein bisschen die Hölle zeigen: die Außenbezirke. Du bist in einem fitten Zustand, das wird dir gut tun. Ich bin dort Pfarrer. Die Geistlichen können sich im Moment nicht darum kümmern, sie sind zu beschäftigt." Die Wahrheit Gottes anhand der Rechtsdoktrin der Staaten oder der Chicago-Plattform messen. Die Konsequenz: Die Religion weicht den Mehrheiten. Sind Sie dazu in der Lage? Das ist nur ein Schritt."

Sie fuhr gleichgültig fort. Die Nacht war atemlos und dunkel. Ab und zu zogen schwarze, nasse Böen durch den himmellosen Nebel und trafen ihr Gesicht mit einem Schauer. Der Doktor hörte auf zu reden, drängte sie und beobachtete sie ängstlich. Mit langen Zügen leerer Waggons kamen sie schließlich an die Bahngleise.

„Wir sind fast da“, flüsterte er. „Es ist an der Zeit, dass du deine Arbeit kennst und deine Schwäche vergisst. Der Fluch verwöhnter Generationen. ‚Hochnormannisches Blut‘ – pah !“

Es gab eine kaputte Lücke im Zaun. Er führte sie hindurch in einen schlammigen Hof. Darin befand sich eine dieser Tavernen, die man in den Vororten großer Städte findet und in denen sich die niedrigsten Laster aufhalten. Dies war ein verrauchter Rahmen, der auf Pfählen über einer offenen Fläche stand, auf der Schweine wühlten. Ein halbes Dutzend betrunkener Iren spielte in einem Nebengebäude Poker mit einem Kartenspiel. Er führte sie die wackelige Leiter hinauf in einen Raum, wo ein flackernder Talgdip einen safrangelben Glanz in die Dunkelheit warf. Ein fauliger Geruch wehte ihnen an der Tür entgegen. Sie zog sich zitternd zurück.

"Komm her!" sagte er heftig und ergriff ihre Hand. „So schöne und reine Frauen wie du sind in Höhlen wie diese gekommen – und nie wieder weggegangen. Lässt es deinen zarten Atem schwächen? Und du bist ein Anhänger des sanftmütigen und demütigen Jesus! Schau hier! und hier!“

Der Raum wimmelte von menschlichem Leben. Frauen, müßige Herumtreiber, mit Whiskey aufgedunsen, schmutzig, lagen halb schlafend oder rauchend auf dem Boden und stimmten beim Eintreten einen heulenden Bettelchor an. Halbnackte Kinder krochen in Lumpen umher. An den feuchten, schimmeligen Wänden hing ein Bild des Benicia-Jungen und daneben Pio Nono mit gebeugter Hand und der üblichen Aufschrift: „Füttere meine Schafe.“ Der Doktor sah es sich an.

„‚Tu es Petrus, et super hanc ‘ – – Guter Gott! Was IST Wahrheit?“ murmelte er bitter.

Er zog sie durch die Dunkelheit und den üblen Geruch näher an die Frauen heran.

„Schau ihnen ins Gesicht“, flüsterte er. „Es gibt keinen von ihnen, der nicht eine lebende Lüge ist. Können sie etwas dagegen tun? Denken Sie an die Jahrhunderte der Leibeigenschaft und des Aberglaubens, durch die ihr Blut gekrochen ist. Kommen Sie näher – hierher.“

In der Ecke schlief ein Haufen halbbekleideter Schwarzer. Mit der U-Bahn nach Kanada fahren. Stursinnige, sinnliche Kerle mit hier und da einer breiten, melancholischen Stirn und verzweifelten Kiefern. Ein kleiner Pickaninny rieb sich die schläfrigen Augen und lachte sie aus.

„So viel Fleisch und Blut vom Markt, ungewogen !“

Margret nahm das Kind hoch und küsste sein braunes Gesicht. Knowles sah sie an.

„Würdest du sie anfassen? Ich habe vergessen, dass du im Süden geboren wurdest. Leg es hin und komm schon."

Sie gingen zur Tür hinaus. Margret blieb stehen und blickte zurück.

„Habe ich es ein bisschen Hölle genannt? Es ist nur ein kleiner Einblick in das Unterleben Amerikas – Gott steh uns bei! – wo alle Menschen frei und gleich geboren werden."

Die Luft im Gang wurde immer übler. Sie lehnte sich schwach und zitternd zurück. Er beachtete sie nicht. Die Leidenschaft des Mannes, das schreckliche Mitleid mit diesen Menschen, kam jetzt aus seiner Seele, verzog sein Gesicht und ließ seine Augen stumpf werden.

„Und du", sagte er wütend, „sitzt am Straßenrand, mit der Hilfe in deinen Händen und Christus in deinem Herzen, und sagst dein Leben verloren, streitest mit deinem Gott, weil diese Masse an Selbstsucht dich verlassen hat. " ‚- weil du in deiner kümmerlichen Hoffnung scheiterst! Schau dir diese Frauen an. Was ist ihr Verlust, denkst du? Geh zurück, ja, und wimmernd dein Leben über deinen verlorenen Traum, und geh nach Shakespeare , um eine Tragödie zu erleben, wenn du Willst du es? Tragödie! Komm her, lass mich hören, wie du das nennst.

Er führte sie durch den Flur und eine schmale Treppe hinauf. Oben saß eine alte Frau mit einer Schlagmütze, nickte und erwachte ab und zu, um sich hin und her zu wiegen und den schrillen irischen Ton von sich zu geben.

„Sie kennen den Heizer, der vor einem Monat in der Mühle getötet wurde? Natürlich nicht – was sind solche Leute für Sie? Es gab ein Mädchen, das ihn liebte – wissen Sie, was das ist? Sie ist jetzt hier tot. Sie hat getrunken Sie hat sich selbst zu Tode gebracht – ein äußerst unspektakulärer Selbstmord. Ich möchte, dass du sie dir ansiehst. Du brauchst jetzt nicht für ihr Leben voller Schande zu erröten; sie ist tot . – Ist Hetty hier?"

Die Frau stand auf.

„Das ist sie, Zur . Das ist sie, Mem. Sie sieht gut aus in ihrem Sonntagsanzug. Die Leichentücher sind ausgefallen, Mem, sagen sie."

Sie kippte über den Boden zu etwas Weißem, das auf einem Brett lag, mit einer Kerze an der Spitze, und zog das Laken ab. Ein fünfzehnjähriges Mädchen, fast ein Kind, lag tot darunter – ihre geschmeidige, zarte Gestalt war in einen schmutzigen karierten Rock und ein fleckiges Samtmieder gehüllt – ihr Hals und ihre Arme waren nackt. Das kleine Gesicht war schlicht geschnitten, hager, geduldig im Schlaf – das weiche, blonde Haar war von der müden Stirn gekämmt. Margret beugte sich schaudernd über sie und drückte ihr Taschentuch um den toten Hals des Kindes.

„Wie jung sie ist!" murmelte Knowles. „Gnädiger Gott, wie jung sie ist! – Was sagst du?" scharf, als er sah, wie sich Margrets Lippen bewegten.

„„Wer unter euch ohne Sünde ist, der werfe zuerst einen Stein auf sie.""

„Ah, Kind, das ist eine alte Philosophie. Lege deine Hand hierher, auf ihr totes Gesicht. Ist dein Verlust wie ihrer?" sagte er leiser und blickte in den dumpfen Schmerz in ihren Augen. Er nannte es egoistischen Schmerz.

„Lass mich gehen", sagte sie. "Ich bin müde."

Er führte sie auf die kühle, offene Straße hinaus und führte sie sanft genug – denn das Mädchen litt, wie er sah.

"Was werden Sie tun?" fragte er sie dann. „Es ist noch nicht zu spät – helfen Sie mir, diese Menschen zu retten?"

Sie rang hilflos die Hände.

"Was willst du mit mir?" Sie weinte. „Ich habe genug zu ertragen."

Die stämmige schwarze Gestalt vor ihr schien größer und stärker zu werden; Das Gesicht des Mannes im Licht der Wandlampe zeigte einen schrecklichen Lebenszweck, der unverhüllt zum Vorschein kam.

„Ich möchte, dass du deine Arbeit machst. Es ist schwer, es wird deine Kraft, deinen Verstand und dein Herz erschöpfen. Gib dich diesen Menschen hin. Gott ruft dich dazu. Es gibt niemanden, der ihnen helfen kann. Gib die Liebe und die Kleinlichkeit auf." Hoffnungen der Frauen. Hilf mir. Gott ruft dich zur Arbeit."

Sie ging blindlings weiter: Er folgte ihr. Jahrelang hatte er dieses Mädchen ausgewählt, um ihm bei seinem Plan zu helfen: Jetzt ließ er sich nicht mehr davon abbringen. Er hatte große Hoffnungen in seinen Plan gesetzt: Er wollte alles geben, was er hatte: Es war das edelste aller Ziele. Er dachte, dass es eines Tages wie Sauerteig durch die schwelende Masse unter dem Land, das er so sehr liebte, wirken und es zu neuem Leben erwecken würde. Wenn es scheiterte – wenn es scheiterte und ein Leben rettete, war sein Werk nicht verloren. Aber es konnte nicht scheitern.

"Heim!" „Oh, Margret, was ist ein Zuhause? " sagte er und stoppte sie, als sie den Treppenabsatz erreichte. „Oh, Margret, was ist ein Zuhause? Aus Häusern wie dieser Höhle da drüben ertönt Tag und Nacht ein Schrei, der um Hilfe bittet – und niemand hört zu."

Sie war schwach; Ihr Gehirn geriet ins Stocken.

„Beruft Gott mich zu dieser Arbeit? Ruft Er mich?" sie stöhnte.

Er beobachtete sie gespannt.

„Er ruft dich. Er wartet auf deine Antwort. Schwöre mir, dass du seinem Volk helfen wirst. Gib Vater und Mutter und die Liebe auf und geh hinab wie Christus. Hilf mir, diesen Elenden Freiheit und Wahrheit und die Liebe Jesu zu geben." am Rande der Hölle. Lebe mit ihnen, erziehe sie mit dir."

Sie sah auf, weiß; Sie war eine schwache, schwache Frau, krank wegen ihrer natürlichen Nahrung der Liebe.

„Ist es meine Arbeit?"

„Es ist deine Arbeit. Hör mir zu, Margret", leise. „Wer kümmert sich um dich? Du stehst heute Nacht alleine da. Es gibt kein einziges menschliches Herz, das dich am nächsten und besten nennt. Schauer, wenn du so willst – das ist wahr. Der Mann, an dem du deine Seele verschwendet hast, hat dich in der Nacht verlassen." und kalt, zu seiner Braut zu gehen, – sitzt jetzt neben ihr und hält ihre Hand in seiner.

Er wartete einen Moment und blickte auf sie herab, bis sie es verstehen würde.

„Glaubst du, dass du das von Gott verdient hast? Ich weiß, dass du dort auf der schlammigen Straße zu Ihm aufgeschaut hast und wusstest, dass es nicht gerecht war; dass du das Richtige getan hast, und das war deine Belohnung. Das weiß ich für diese zwei Jahre." Du hast darauf vertraut, dass der Christus, den du anbetest, es richtig macht und dir den Wunsch deines Herzens erfüllt. Hat er es getan? Hat er dein Gebet erhört? Kümmert er sich um deine schwache Liebe, wenn die Nationen der Erde untergehen? Was? Ist deine arme Hoffnung auf Ihn, wenn das Land, in dem du lebst, eine Weinkelter ist, die eines Tages von der Wildheit und dem Zorn des allmächtigen Gottes zertreten wird? O Christus! – wenn es einen Christus gibt, – hilf mir, es zu retten !"

Er blickte auf, sein Gesicht war weiß vor Schmerz. Nach einer Weile sagte er zu ihr:

„Hilf mir, Margret! Dein Gebet war selbstsüchtig; es wurde nicht erhört. Gib deine müßige Hoffnung auf, dass Christus dir helfen wird. Schwöre mir, in dieser Nacht, in der du alles verloren hast, dich dieser Arbeit zu widmen."

Der Sturm war dunkel und windig gewesen: Jetzt klarte er langsam auf, der warme Sommerregen fiel sanft, und das frische Blau schlich sich breit hinter dem Grau hervor. Es kam Margret wie ein Segen vor; denn ihr Gehirn wurde stärker und gesünder.

„Ich werde nicht schwören", sagte sie schwach. „Ich denke, er hat mein Gebet erhört. Ich denke, er wird es erhören. Er war ein Mann und wurde genauso geliebt wie wir. Meine Liebe ist nicht egoistisch; sie ist das beste Geschenk, das Gott mir gemacht hat."

Knowles ging langsam mit ihr zum Haus. Er war nicht verblüfft. Er wusste, dass der Kampf noch bevorstand; dass, wenn sie allein war, ihr Glaube an den fernen Christus ins Wanken geraten würde; dass sie diese Arbeit ergreifen würde, um ihre leeren Hände und ihr ausgehungertes Herz zu füllen, wenn schon aus keinem anderen Grund, – um durch ein Pflichtgefühl ihr unaussprechliches Gefühl des Verlustes zu unterdrücken. Er wurde tief in das Herz einer Frau hineingelesen, dieser Knowles. Er verließ sie schweigend und sie ging durch den dunklen Flur in ihr eigenes Zimmer.

Sie legte ihren feuchten Schal ab, setzte sich auf den Boden und lehnte den Kopf auf einen niedrigen Stuhl – einen, den ihr Vater ihr zu Weihnachten geschenkt hatte, als sie klein war. Wie gern hatten Holmes und ihr Vater einander! Jedes Weihnachten verbrachte er mit ihnen. Sie erinnerte sich jetzt an alle. „Er saß jetzt neben ihr und hielt ihre Hand in seiner." Sie sagte das zu sich selbst, obwohl es nicht schwer zu verstehen war.

Nach langer Zeit kam ihre Mutter mit einer Kerze zur Tür.

„Gute Nacht, Margret. Na, deine Haare sind nass, Kind!"

Denn Margret hatte ihr einen Gute-Nacht-Kuss gegeben und ihren Kopf eine Minute lang auf ihre Brust gelegt. Sie strich einen Moment über das Haar und wandte sich dann ab.

„Mutter, könntest du heute Nacht bei mir bleiben?"

„Aber nein, Maggie, – dein Vater möchte, dass ich ihm vorlese."

„Oh, ich weiß. Hat er mich heute Abend vermisst , Vater?"

„Nicht viel; wir haben über alte Zeiten geredet – in Virginia, wissen Sie."

„Ich weiß; gute Nacht."

Sie ging zurück zum Stuhl. Tige war da, denn er verbrachte die Hälfte seiner Zeit auf der Farm. Sie legte ihren Arm um seinen Kopf. Gott weiß, wie einsam das arme Kind war, als es den Hund so herzlich an sein Herz zog: nicht nur um seines Herrn willen; aber es war alles, was sie hatte. Schließlich wurde er müde und jammerte und versuchte herauszukommen.

„Wirst du gehen, Tige?" sagte sie und öffnete das Fenster.

Er sprang heraus und sie sah ihm nach, wie er in die Stadt ging. So ein kleines Ding, das war es! Aber nicht einmal ein Hund nannte sie „die Nächste und Beste".

Lasst uns schweigen; Die Geschichte der Nacht ist nicht für uns zum Lesen bestimmt. Glaubst du, dass Er, der im fernen, trüben Leben die Welten in Seiner Hand hält, wusste oder sich darum kümmerte, wie allein das Kind war? Was wäre, wenn sie ihre dünnen Hände rang und von den langsamen, wahnsinnigen, einsamen Tränen krank würde? – War es nicht die Welt zu retten, wie Knowles sagte?

Auch er war allein gewesen; Er war zu den Seinen gekommen, und die Seinen empfingen ihn nicht: Während die kämpfende Welt bewusstlos und in unendlicher Ruhe des Rechts ruhte, kam Er ihr mit menschlichen Augen nahe, die geliebt und nicht geliebt worden waren und gelitten hatten mit diesem Schmerz. Und im Vertrauen auf ihn sagte sie nur: „Zeig mir meine Arbeit! Du, der du den Schmerz der Welt nimmst , erbarme dich meiner!"

Kapitel VII.

Zumindest für diese Nacht reinigte Holmes seine Seele von Zweifeln und Unentschlossenheit; Eine seiner Naturen war besiegt – endlich, dachte er. Wenn Polston sein Gesicht gesehen hätte, als er langsam auf der Straße nach Hause zur Mühle ging, hätte er sich an das seiner Mutter an dem Tag erinnert, als sie starb. Wie die strenge alte Frau auf halbem Weg dem Tod begegnete! Warum sollte sie Angst haben? sie war so stark wie er. Worin hatte sie ihre Pflicht versäumt? Ihre Hände waren sauber: Sie würde ihre gerechte Belohnung erhalten.

Bei Holmes war das natürlich anders, mit seiner aus sich selbst bestehenden Seele. Es war das Leben, das er heute Abend akzeptierte, dachte er – ein Leben des Wachstums, der Arbeit , der Errungenschaften – ewig.

„ Ohne Hast, aber ohne „Rast “ – Lieblingswörter bei ihm. Er studierte gern die Natur des Mannes, der sie sprach; denn ich glaube, es war wie seine eigene – eine gigantische Kraft der Ausdauer, eine unendliche Fähigkeit zur Liebe und zum Hass und so weiter Leiden und vor allem (die besondere Identität des Mannes) ein kalter, spekulativer Blick der Vernunft, der in die Leidenschaft und die Tiefen seines wachsenden Selbst blickte und sie ruhig zur Kenntnis nahm, eine Lektion für alle Zeiten.

„ Ohne Hast." Während er langsam durch die Nacht ging, stärkte er sich, indem er feststellte, wie alle Dinge in der Natur durch langsame, enge Zielstrebigkeit ein vollkommenes Leben erreichen – jedes Leben ist in sich vollständig: Warum dann nicht sein eigenes? Das windstille Grau, die Sterne, der Stein unter seinen Füßen, sie standen allein im Universum, und jeder brachte seine eigene Seele in die Tat zum Ausdruck. Wenn es eine allumfassende Harmonie gäbe, eine Seele durch alles, dann sah er sie nicht. Knowles – dieser alte Skeptiker – glaubte daran und nannte es Liebe. Sogar Goethe selbst, was hat er gesagt? „Der Allumfasser , der Allerhalter , fasst und erhalt er nicht , dich, mich , sich selbst ?"

In den Worten lag eine merkwürdige Kraft, während er über ihnen verweilte, wie halbverstandene Musik – so einfach und zart, als kämen sie aus den Tiefen des Herzens einer Frau: Sie berührten ihn tiefer als seine Macht der Kontrolle. Pah ! es war ein Traum von Faust; auch er hatte seine Margarete; Er ist durch diese Liebe gefallen.

Er ging langsam weiter zur Mühle. Wenn der Name oder die Worte eine subtile Reue oder Sehnsucht weckten, begrub er sie unter ruhevoller Gelassenheit. Ob sie sich jemals wie wütende Geister dessen erheben würden, was hätte sein können, um den Mann zu verspotten, konnte nur die Zukunft zeigen.

Als Holmes durch die mit Gas erleuchteten Straßen ging, begegnete er auf Schritt und Tritt einer herzlichen Begrüßung. Was für ein gerechter, kluger Kerl er war! Die Leute sagten: Einer dieser Männer , die sich durch den Erfolg verbesserten: Nur um sich selbst zu betrügen: Er sah den wahren Wert jedes Einzelnen, des Allerniedrigsten: Er hatte nicht einen Funken Selbstachtung: Er verachtete jeden Humbug und jede Show, das konnte man aber sehen er hat es nie gesagt: Als Junge war er launisch und hatte leidenschaftliche Vorlieben und Abneigungen; aber der Erfolg hatte ihn enorm verbessert. Deshalb war Holmes beliebt, obwohl die Bettler ihn mieden und die faulen italienischen Orgelspieler ihm nie ihre Tamburine entgegenhielten.

Die Mühlenstraße war dunkel; Das Gebäude warf seinen großen Schatten über den Platz. Es war leer, vermutete er; Im Allgemeinen blieb nur eine Hand übrig, um das Feuer im Ofen zu halten. Als er durch einen der unteren Gänge ging, hörte er Stimmen und drehte sich zur Seite, um nachzusehen. Das Management war nicht streng, und im Falle eines Brandes war die Mühle nicht versichert: wie Knowles' Nachlässigkeit.

Es waren Lois und ihr Vater – Joe Yare, der an diesem Abend Futter spendete. Sie befanden sich in einem der großen Heizräume im Keller – ein sehr gemütlicher Ort in dieser stürmischen Nacht. Zwei oder drei Türen der breiten Ziegelöfen standen offen, und das Feuer warf einen rötlichen Schein über den Steinboden und schimmerte in die dunklen Tiefen der Schatten, sehr heimelig nach dem Regen und Schlamm draußen. Lois schien jedenfalls dieser Meinung zu sein, denn sie hatte aus einem Vorratskasten einen Tisch gemacht, ein weißes Tuch darauf gelegt und war damit beschäftigt, ein regelmäßiges Abendessen für ihren Vater vorzubereiten – sie kniete vor den roten Kohlen nieder , drehte etwas auf einer Eisenplatte, während einige Schinkenscheiben eine Wolke saftigen, hungrigen Geruchs verströmten.

Der alte Heizer hatte gerade die Nebenfeuer gelöscht und stellte einige blaue Teller auf den Tisch, wobei er sie ernst zurechtrückte. Er war alt geworden, genau wie Polston sagte: – Holmes sah, stark gebeugt, mit einem leisen, keuchenden Husten; seine grobe Kleidung war merkwürdig sauber: das sollte Lois natürlich gefallen. Sie stellte den Schinken auf den Tisch und etwas sprudelnden Kaffee und nahm dann von einem Hickoryholzbrett vor dem Feuer mit einem Ruck braune, flockige Scheiben Virginia-Johnny-Kuchen ab.

„ Da sind Sie , Vater, heiß und heiß“, mit ihrem Gesicht in Flammen, „ da sind Sie , Sie sind es , die zum Essen überreden . – Na, Mr. Holmes! Vater! Nun, ef Yo Ja , das hat er nicht getan hed Dein Abendessen?

Sie kam überredend herauf. Was für grüblerische braune Augen der arme Krüppel hatte! Noch vor nicht allzu langer Zeit hätte er sich zu den beiden armen Seelen gesetzt und eine herzhafte Mahlzeit daraus gemacht; jetzt hatte er kein Herz mehr für solche Torheiten.

Der alte Yare stand im Hintergrund, den Hut in der Hand, gebeugt in seiner unterwürfigen Negermanier, mit einem ängstlichen Blick auf Holmes.

„Bleibst du hier, Lois?“ fragte er freundlich und wandte dem alten Mann den Rücken zu.

„ Nur , um ihm das Abendessen zu bringen. Ich konnte die ganze Nacht in der Mühle nicht aushalten“, der alte Schatten erschien auf ihrem Gesicht, „Ich konnte nicht, weißt du . Ihm macht das nichts aus.“

Sie blickte schweigend schnell von einem zum anderen und sah die Angst im Gesicht ihres Vaters.

„Weißt du, Vater, Mr. Holmes? Er ist jetzt zurück. Das ist er.“

Demütig trat der alte Mann vor.

„Ich bin es, Marster Stephen.“

Das mürrische, verstohlene Gesicht empörte Holmes. Er nickte kurz.

„ Du warst nett zu meinem kleinen Mädchen, während ich weg war“, sagte er und hielt den Atem an. „Ich danke dir , Marster .“

„Das brauchst du nicht. Es war für Lois.“

„Es war für sie, dass ich zurückgekommen bin . Es war ein Rückschlag “, – mit einem stummen, flehenden Blick auf Holmes, – „aber für sie würde ich es versuchen . Ich weiß, es war ein Rückschlag ; aber.“ Ich verteidige sie als gepflegtes Fell. Lo würde barmherzig sein. Sie ist ein gutes Mädchen, Lo. Sie ist alles, was ich habe .

Lois brachte eine Kiste herüber und schleppte sie schwer.

„Wir hev keine Stühle; Aber setzen Sie sich, Mr. Holmes?“ Sie lachte, während sie es mit einem Tuch zudeckte. „Hier wäre es warm. „Vater lernt während der Uhr, und ich bin Lehrer“ – er zeigt das zerrissene alte Rechtschreibbuch.

Der alte Mann kam eifrig nach vorne und sah das Lächeln auf Holmes' Gesicht aufflackern.

„Es ist eine langsame Arbeit, Marster , – langsam. Aber Lo ist ein guter Lehrer, und ich versuche , – ich gebe mir große Mühe.“

„Es ist nicht langsam, Sir, siehe da , Vater Keine Vorteile , wie ich. Er war ein"--

Sie hielt inne und senkte die Stimme, eine Hitzeröte der Scham im Gesicht.

"Ich weiß."

„Sei das nicht entschuldigend , Marster , ich wusste es doch Nichts am Anfang ? Dann weißt du das, Marster . Ich versuche , ein anderer Mann zu sein. Pelz Lo. Ich versuche es."

Holmes bemerkte ihn nicht.

„Gute Nacht, Lois", sagte er freundlich, als sie seine Lampe anzündete.

Er legte etwas Geld auf den Tisch.

„Du musst es nehmen", da sie unruhig dreinschaute. „Zum Beispiel für Tigers Vorstand. Ich sehe ihn jetzt nie. Ein strahlend neues Kleid, denken Sie daran."

Sie dankte ihm und ihre Augen leuchteten, als sie den geflickten Mantel ihres Vaters betrachtete.

Der alte Mann folgte Holmes hinaus.

„ Marster Holmes"——

„Hab das erledigt", sagte Holmes streng. „Wer gegen das Gesetz verstößt, hält sich daran. Das geht mich nichts an."

Der alte Mann verkrampfte heftig die Hände und bemühte sich, ruhig zu bleiben.

„ Niemand außer dir weiß es ", sagte er mit gedämpfter Stimme. „ Um Gottes willen, sei gnädig! Es wird mein Mädchen töten – es wird sie töten. Gib mir eine Chance, Marster ."

„Du beunruhigst mich. Ich muss tun, was gerecht ist."

„Das ist nicht gerecht", sagte er wütend. „Was nützt es mir , dorthin zurückzukehren ? Ich ging immer weiter nach unten und nahm die anderen mit. Was nützt es Ihnen oder den anderen, mich dorthin zu bringen ? Ich habe Angst? Es ist schlecht , aus der Angst zu lernen . Wer hat mir beigebracht, was richtig ist? Wen kümmerte das? Niemand kümmerte sich um meine Seele, bis ich stahl und beraubte; und dann waren Richter, Geschworene und Gefängniswärter froh Sich auf mich zu stürzen. Willst du ? Gibst du mir eine Chance? wirst du ?"

Vor ihm stand ein verzweifeltes Gesicht; aber Holmes kannte nie Angst.

„Gehen Sie zur Seite", sagte er leise. „Morgen werde ich dich sehen. Du brauchst nicht zu fliehen."

Er ging an ihm vorbei und ging langsam durch die leere Mühle hinauf zu seiner Kammer.

Der Mann setzte sich einige Augenblicke ganz still auf die untere Stufe, zerdrückte langsam und stetig seinen Hut und blickte zu den schimmeligen Spinnweben an der Wand hinauf. Endlich stand er auf und ging zu Lois hinein. Hatte sie es gehört? Das alte, vernarbte Gesicht des Mädchens sah um Jahre älter aus, dachte er – aber es könnte schick sein. Sie sagte eine Weile nichts und bewegte sich langsam und mit neuer Sanftheit über ihn; Ihre Stimme war verändert, älter. Er versuchte fröhlich zu sein und aß sein Abendessen: Sie brauchte es erst morgen zu erfahren. Er würde heute Abend die Stadt verlassen oder – Es gab verschiedene Möglichkeiten zu fliehen. Als er fertig war, sagte er ihr, sie solle gehen; aber sie würde es nicht tun.

„Lass mich bis zur Nacht bleiben", sagte sie. „Ich habe keine Angst vor der Mühle."

„Warum, siehe", sagte er lachend, „ du hast immer gesagt , dein Tod sei hier irgendwo versteckt ."

„Ich weiß. Aber es gibt Schlimmeres, nicht den Tod. Aber es wird schon kommen", sagte sie beharrlich und murmelte vor sich hin, während sie ihr Gesicht auf die Knie lehnte und zusah: „Es wird schon kommen."

Die schimmernden Schatten veränderten sich und verblassten eine Stunde lang. Der Mann saß still da. In den vergangenen Jahren gab es nicht viel, was seine Gedanken mildern konnte, denn sie wurden immer verzweifelter und grausamer: Unterdrückung und Laster überhäuften ihn und wurden aus seinem bitteren Herzen zurückgeschleudert. Auch nicht viel in der Zukunft: ein leeres Stück Strafe bis zum Ende. Er war ein alter Mann: War es leicht zu ertragen? Was wäre, wenn er schwarz wäre? Was wäre, wenn er als Dieb geboren würde? Was wäre, wenn all die mürrische Rache seiner Natur ihn zu einem Ausgestoßenen unter den Ärmsten gemacht hätte? Gab es in dieser Seele, für die Christus starb, nichts verborgenes Gutes, das eine gütige Hand nicht zum Leben erweckt hätte?

Keiner? Ich glaube, etwas bewegte sich bei der Berührung seiner Hand nach oben und verfing sich am Rock des Kleides seines Kindes, als es sich ihm näherte, mit der schüchternen Zärtlichkeit einer Mutter, die das Haar ihres toten Babys berührt – als etwas Heiliges, das noch weit entfernt war ganz in der Nähe: etwas in seinem alten, von Verbrechen gezeichneten

Gesicht – ein Blick wie der dieses Hundes, der seinen Kopf auf mein Knie legt – eine stumme, hilflose Liebe in seinen Augen und die langsame Erinnerung an ein Unrecht, das seiner Seele an einem Tag angetan wurde längst vorbei. Ein Unrecht für beide, sagen Sie vielleicht; aber wenn ja, irreparabel und niemals entschädigt. Niemals?

„Du musst gehen, mein kleines Mädchen", sagte er schließlich.

Was auch immer er tat, es musste schnell erledigt werden. Sie kam herauf und kämmte die dünnen grauen Haare durch ihre Finger.

„Vater, ich weiß es nicht verstehe , was es ist, richtig. Aber bleib bei mir, – bleib, Vater!"

„ Du hast viele Freunde , siehe", sagte er mit einem scharfen Anflug von Eifersucht. „ Es gibt keinen wie dich – keinen."

„Vater, schau her."

Sie legte ihren deformierten Kopf und das vernarbte Gesicht nach unten auf seine Hand, wo er sie sehen konnte. Wenn es ihr jemals wehgetan hatte, so zu sein, wie sie war, wenn sie sich jemals verbittert mit schönen, geliebten Frauen verglichen hatte, war sie jetzt froh und dankbar für jeden Fehler und jede Missbildung, die sie ihm näher brachte und sie teurer machte.

„Sie sind nett, aber es gibt nicht viele, die mich mit wahrer Liebe lieben wie du . Bleib, Vater! Halte durch, was auch immer es sein mag. Die gute Zeit wird kommen, Vater."

Er küsste sie wortlos und ging mit ihr die Straße entlang. Als er sie verließ, wartete sie, kroch zurück und versteckte sich in der Nähe der Mühle. Gott weiß, welche vage Angst in ihrem Gehirn war; aber sie kam zurück, um zuzusehen und zu helfen.

Der alte Yare wanderte durch die großen Webräume der Mühle, wobei in seiner trüben, schwankenden Wahrnehmung nur eine Tatsache klar war: dass über ihm der Mann ruhig schlief, der morgen Schlimmeres als den Tod über ihn bringen würde. Auf und ab, ziellos, mit der Heizerfackel in der Hand, die vergangenen und kommenden Jahre Revue passieren lassend, mit dem toten Hass, der in all dem erbarmungslosen Mann über ihm steckte – und ab und zu vielleicht einen angenehmeren Gedanken an die Dinge Das war in seinem Leben warm und fröhlich gewesen – von den Maisschalen vor langer Zeit, als er ein Junge war, unten im „ alabam " , – von dem Strohhalm, den ihm sein junger Herr einst gab, das Erste, was er wirklich tat besaß: Er war fast genauso stolz darauf wie auf Lois, als sie geboren wurde. Er erinnerte sich vor allem an die schönen Zeiten in seinem Leben und kehrte zu Lois zurück. Es war alles gut, dorthin zurückzukehren. Was für ein kleiner Döbel sie mal war! Mit bitterer Reue erinnerte er sich daran, wie sein ganzes Leben lang versucht hatte, es ihr zuliebe besser zu machen, aber bis jetzt immer wieder aufgeschoben hatte. Und jetzt – blieb ihm nichts anderes übrig, als zurückzugehen und dort zu verrotten? War das das Ende, weil er es nie besser gelernt hatte und ein „verdammter Nigger" war?

„Ich werde mein Mädchen NICHT verlassen!" Er murmelte und ging auf und ab: „Ich werde mein Mädchen NICHT verlassen!"

Wenn Holmes tatsächlich über ihm schlief, kam die Prüfung des Tages, von der wir nichts gesehen haben, im Schlaf deutlicher zurück. Während das starke Selbst im Mann träge lag, kam die heilige Kraft, die auch immer in ihm war, unerschrocken von der Niederlage und unermüdlich zum Vorschein und nahm die Form von Träumen an, diesen geringgeschätzten Boten Gottes, um ihn zu trösten und zu bezaubern und ihn zu voller Fülle zu gewinnen. freundlicheres Leben. Hoffen wir, dass sie ihn so gewonnen haben; Hoffen wir, dass selbst in dieser unwirklichen Welt endlich die bessere Natur des Menschen siegte und ihre Belohnung forderte, bevor die schreckliche Realität über ihn hereinbrach.

Drüben auf dem feuchten, frisch riechenden Holzplatz saß Lois zusammengerollt in einem der durch die hervorstehenden Bretter gespaltenen Häuser. Sie erinnerte sich, wie sie darin gespielt hatte, bevor sie in die Mühle ging. Die Mühle – selbst jetzt, mit der vagen Angst vor einem ungewissen Unheil, das kommen würde, absorbierte die Mühle alle Angst in ihrem alten, verhassten Schatten. Welche Gefahr auch immer auf sie zukam, sie lag darin, sie kam von ihr, das wusste sie in ihrer verwirrten, verschwommenen Denkweise. Jetzt ragte es empor, mit dem quadratischen Fleck aschgrauen Himmels darüber, schwarz, schwer von jahrelanger Erinnerung an Qual und Verlust. In Lois' hoffnungsvollem, warmen Leben war dies das einzige unverständliche Monster. Ihr zerstörtes Gehirn, ihre nicht erwachten Kräfte empfanden ihr Unrecht gegenüber der Masse aus Eisen, Arbeit und unreinen Gerüchen dunkel, ohne sich der erbarmungslosen Macht bewusst zu sein, die sie ausübte. Es war ein Monster, dachte sie in der schläfrigen, schrecklichen Nacht – ein Monster, das sie mit einem dumpfen, geheimnisvollen Schrecken wach hielt.

Als die Nacht schwül und tief wurde, erwachte sie aus ihrem Halbschlaf und sah, wie ihr Vater heimlich herauskam und die Straße hinunterging. Sie muss geschlafen haben, dachte sie, rieb sich die Augen und beobachtete, wie er außer Sichtweite war – und dann, als sie hinausschlich, drehte sie sich um und warf einen Blick auf die Mühle. Sie schrie auf, schrill vor Entsetzen. Es war jetzt ein lebendes Monster – in einem einzigen Augenblick, voller Feuer, schnelles, gieriges Feuer, das wie Schlangenzungen aus seinen hundert Rachen sprang, hungrige Flammenwolken, die sich wahnsinnig und windend auf sie zubewegten, und unter allem ein dumpfer und düsterer Anblick hohles Brüllen, das die Nacht erschütterte. Hat es sie in den Tod gerufen? Sie drehte sich um, um zu fliegen, und dann – Er war allein und lag im Sterben! Er war so nett zu ihr gewesen! Sie rang die Hände und blieb einen Moment stehen. Es war eine mutige Hoffnung, die in ihrem Herzen war, und ein Gebet auf ihren Lippen, das nie unbeantwortet blieb, als sie auf ihre lahme, langsame Art zur offenen schwarzen Tür humpelte und mit einem Blick zurück hineinging.

KAPITEL VIII.

Es roch dumpf nach Kampfer; ein weiteres Gefühl von Kühle und prickelnder Nässe auf Holmes' heißem, rissigem Gesicht und seinen Händen; dann wieder Stille und Schlaf. Irgendwann – wann, er wusste nie – brannte ein graues Licht in seinen Augen wie Schmerz, und wieder versank er langsam in warmer, lautloser Dunkelheit und Bewusstlosigkeit. Es könnten Jahre sein, es könnten Ewigkeiten sein. Rückblickend hat er diese Zeit auch im Jenseits nie in Wochen oder Tage unterteilt: Man könnte sie für ihn so aufteilen, aber er war immer unsicher: Es war ein vages Vakuum in seiner Erinnerung: Er war aus dem Groben herausgedriftet . maß das Leben an eine Küste der Ewigkeit und schlief in seiner Ruhe. Als der Schock des äußeren Lebens ihn nach und nach erschütterte und weckte, geschah dies nur schwach: Er kam widerstrebend und schwach zurück; die Stille hing an ihm, als wäre er in Lethe ertrunken und hätte seinen beruhigenden Nebel mitgebracht ihn aus den Schatten.

Das leise Stimmengewirr, das gelegentliche Heben seines Kopfes auf dem Kissen, der sehr beruhigende Zug kamen ihm zunächst unwirklich vor: nur Teile des dumpfen, leblosen Vergnügens. Manchmal durchdrang ihn eine schärfere Erinnerung, die ihn zum Stöhnen brachte und zu schlafen versuchte – eine Erinnerung an den großen, schneidenden Schmerz, an den schwindelerregenden Sturz, daran, dass er jemandem das Leben schuldete , und darüber, dass er es schuldete, vor dem Schmerz. War er es, der es getragen hatte? Er wusste es nicht – und es kümmerte ihn auch nicht: Das Nachdenken machte ihn müde . Selbst als er den Namen hörte, Stephen Holmes, hatte er nur eine weit entfernte Bedeutung: Er wachte nie genug auf, um zu wissen, ob es sein Name war oder nicht. Lange danach lernte er, das rote Licht zu beobachten, das sich zwischen den Spänen im Kamin kräuselte, wenn sie abends ein Feuer machten, den Stimmen der Frauen am Bett zu lauschen und zu wissen, dass das Schönste demjenigen gehörte, der das hatte Lange bevor er es selbst kannte, wollte er sie Lois nennen, wenn er etwas trinken wollte.

Es waren sehr lange, angenehme Tage Anfang Dezember. Der Sonnenschein war blass, aber er passte besser zu seinen verletzten Augen: Er kroch morgens langsam über den schnupftabakfarbenen Teppich auf dem Boden, das braune Fußbrett des Bettes hinauf und, wenn der Wind die Fenstervorhänge schüttelte, Er ließ kleine purpurrote Pfützen gesprenkelten Lichts über der Decke entstehen – gerinnende Pfützen, denen er gern zusah, wie sie von den sauberen grauen Wänden, den raschelnden Vorhängen und dem durchsichtigen Purpur in den Schlaf übergingen, der den ganzen Tag anhielt.

Er war sich nicht bewusst, woher er wusste, dass er in einem Krankenhaus war; aber er wusste es, undeutlich; Manchmal dachte ich an die langen Flure vor der Tür, in die sich eine Reihe von Zimmern öffnete, so wie hier, und an die Scheunen voller Zimmer auf der anderen Seite des Gebäudes mit Reihen weißer Feldbetten, auf denen die ärmeren Patienten lagen: eine Strecke der Reise Von da an kehrte sein Gehirn ziemlich müde zu seinem gemütlichen Kamin und zu Lois zurück, die daneben saß und strickte. Er nannte die kleine Waliserin auch „Schwester", die immer in einem Stoffkleid und weißen Binden ums Gesicht kam, um ihm seine Medizin zu geben und abends mit Lois zu plaudern: Sie hatte eine komische Stimme, wie … eine Grille zirpt. Da war noch eine andere mit einem echten schottischen Akzent, die manchmal kam und zuhörte und einen Korb mit unverstopften Strümpfen mitbrachte: Der Arzt erzählte ihm eines Tages, wie furchtlos und geschickt sie sei und jeden Sommer nach New Orleans fuhr, wenn das Gelbfieber kam. Sie starb dort im darauffolgenden Juni. Aber Holmes konnte irgendwie nie eine Märtyrerin in der fröhlichen Frau mit dem sommersprossigen Gesicht erkennen, an die er sich immer erinnerte, als sie im stillen Feuerschein Strümpfe stopfte. Es war sehr ruhig; die Stimmen um ihn herum waren angenehm und leise. Auch wenn er von einem Schmerzschock in einen todesähnlichen Schlaf abgedriftet war, hing noch etwas von der Stille um ihn herum; aber das äußere Leben war gemütlich und frisch und natürlich.

Der Arzt redete ein wenig mit ihm; und manchmal hatten ein oder zwei der Patienten von der Augenstation es satt, in den Gartengassen herumzusitzen, und blieben darin herumlungern, wenn Lois ihnen Erlaubnis gab; aber ihr Gerede ermüdete ihn und erschütterte ihn so seltsam, als hätte man begonnen, sich mit Politik und Preisentwicklung für die stillen Seelen im Hades zu befassen. Es genügte ihm, an langen Abenden den geflüsterten Geschichten der Schwestern zu lauschen und, wenn sie es nur halb gehört hatten, zu versuchen, ihnen ein Ende zu bereiten; schläfrig in den Garten hinunterzuschauen, wo die Nachmittagssonne immer noch so sommerlich schien, dass ein paar Stockrosen darauf beharrten, ihre ehrlichen roten Gesichter an den Wänden zu zeigen, und selbst die Blätter, die die Wege bedeckten, wollten nicht verwelken, sondern blieben stehen ein gesundes Rotbraun. Eine der Schwestern hatte dort einen Geflügelhof, den er sehen konnte: Die Mauer um ihn herum war aus Stein, bedeckt mit einer braunen, gefiederten Flechte, auf der jeder Hahn in diesem Hof unbedingt stehen oder bei dem Versuch umkommen wollte; und Holmes beobachtete durch die ruhigen, hellen Morgen den hektischen Ehrgeiz des erfolgreichen Aspiranten mit einem amüsierten Lächeln.

„Man könnte dann denken ", sagte Lois weise, „noch nie stand ein Huhn auf einer Wand, um ihnen zuzuhören , oder eine Henne legte ein Ei."

Holmes lächelte auch kein einziges Mal, weil der Hühnchen-Mann eine Burleske machte: Dafür war sein Gedanke noch zu eintönig. Es dauerte auch lange, bis er die Menschen, die leise hereinkamen, um ihn zu sehen, für alles andere als Schatten hielt oder sich wünschte, sie würden wiederkommen. Lois war für ihn damals vielleicht das Realste im Leben: Während er sie beobachtete, wurde ihm Tag für Tag sein altes Leben jenseits des Golfs bewusst. Sehr langsam bei Bewusstsein: mit einem schwachen Tasten, um die plötzliche, schreckliche Veränderung zu begreifen, die über ihn gekommen war, und dann vergaß er sein altes Leben und die Veränderung und das Mitleid, das er für sich selbst empfand, in der vagen Atmosphäre des vom Feuer erleuchteten Raumes , und seine Amme mit ihrem endlosen Stricken durch die langen Nachmittage, während der Himmel draußen dicker und grauer wurde und ein paar stille Schneeflocken herabwehten, um die braunen Felder weiß zu machen – ohne einen kühlen Gedanken an den Winter, sondern nur daran Machen Sie den ruhigen Herbst ruhiger. Was auch immer an ehrlicher, alltäglicher Zuneigung in dem Mann steckte, zeigte sich auf einfache Weise gegenüber dieser Lois, die seine kranken Launen und Laune auf so ruhige, robuste Art beherrschte. Nicht, weil sie ihr Leben riskiert hatte, um seines zu retten; selbst als er das verstand, erinnerte er sich mit einer unbehaglichen, schweren Dankbarkeit daran; Aber die Getränke, die sie ihm zubereitete, und den Plan, unter Missachtung aller Regeln ein paar Austern einzuschmuggeln, und das fröhliche, pockennarbige Gesicht, das vergaß er nie.

Doktor Knowles kam manchmal, aber selten: Er sprach nie, wenn er kam, meist spät abends, und dann schlug er sich auf die Haut, schaute auf seine Zunge und schüttelte die Flaschen auf dem Kaminsims mit einem Grunzen, das Lois in Angst und Schrecken versetzte Sie kam zu dem Schluss, dass der andere Arzt ein Quacksalber war und ihre Patientin völlig am Ende war. Er saß mürrisch da, die Füße höher als der Kopf, kaute eine nicht angezündete Zigarre und ließ sie beide dankbar zurück, wenn er es für richtig hielt zu gehen.

Die Wahrheit ist, dass Knowles in diesen kleinen Reparaturwerkstätten, die man Krankenkammern nennt, wo Körper in Stücke genommen und Seelen in Ordnung gebracht werden, völlig fehl am Platz war. Er hatte kein Vertrauen in Ihre langsamen, unmerklichen Heilmittel: Alle Reformen mussten mit einem Schraubenschlüssel durchgeführt werden, von der Abschaffung der Sklaverei bis zum Ziehen eines Zahns.

Er hegte auch keine besondere Sympathie für Holmes: Die Männer waren von gegensätzlichen Polen ins Leben gekommen, und bei all der echten Zärtlichkeit unter seiner mürrischen, rauen Kleidung wäre es schwer gewesen, ihn mit dem plötzlichen Schicksal zu berühren, das über diesen Mann hereingebrochen war. verkrüppelt und mittellos auf die Welt geworfen, vielleicht hilflos fürs Leben. Er wäre geneigt gewesen, Ihnen barbarisch zu sagen, dass „er dafür gewirkt hat".

Außerdem ärgerte ihn die Begegnung mit den Schwestern. Knowles hätte Ihnen mit feinem Fingerspitzengefühl skizzieren können, welche Rolle die päpstliche Macht für den Fortschritt der Menschheit spielte, inwieweit sie als Trittstein diente und wann genau sie zu einem ermüdenden Hindernis wurde. Die Welt war jetzt damit fertig – völlig. Sein Atem war nur vergiftet, mit dem bevorstehenden Tod. So stand die heimliche, lebendige Wohltätigkeit dieser Frauen, ihre Arbeit, die keine andere Hand zu übernehmen bereit war, im Widerspruch zu seiner abstrakten Theorie und ärgerte ihn, wie eine hartnäckige Tatsache immer in die Hand eines Mannes gerät, der entschlossen ist, sie zu ergreifen das Herzstück einer Sache. Wissen Sie, trotz der positiven Philosophie wird in diesem Wirrwarr der Welt nicht allen Tatsachen die Wahrheit zugrunde liegen.

Machen Sie sich nicht über Knowles lustig. Ihr eigenes klares, tolerantes Gehirn, das alle Menschen und Glaubensrichtungen gleichermaßen widerspiegelt, wie farbloses Wasser, das aus allen die Wahrheit zieht, ist zweifellos ganz anders als diese engstirnige, einsame Seele, die dachte, die Welt warte darauf, dass er sie bekämpft das Böse, bevor es seinen langsamen Weg antrat. Natürlich ein intoleranter Fanatiker. Aber die Wahrheit, die er kannte, war für ihn so furchtbar real, in seinem Herzen herrschte so krankes, pochendes Mitleid mit den Männern, die so gelitten hatten wie er! Und dann müssen Fanatiker Geschichte schreiben, aus der konservative Männer lernen können, nehme ich an.

Wenn Knowles das Krankenhaus mied, gab es einen anderen Ort , den er noch mehr mied – den Ort, an dem seine kommunistischen Gebäude gestanden haben sollten. Am Tag, nachdem die Mühle niedergebrannt war, ging er einmal dorthin, als würde man allein gehen, um seine Toten außer Sichtweite zu begraben , und schaute sich zunächst die rauchende Masse heißer Ziegel und verkohlter Schindeln an, um klar zu verstehen, wie völlig tot es war sein lebenslanger Plan war. Er stolzierte ernst darum herum, die Hände in den Taschen; Die Hodmen , die das Brennholz für den Winter aus der Asche zusammensuchten, bemerkten: „Der alte Knowles schien darüber kein bisschen zerrüttet zu sein." Dann ging er zu der Farm, die er kaufen wollte, wie ich Ihnen sagte, und betrachtete sie mit der gleichen starren Haltung. Es war ein trüber Tag im Oktober. Der Fluss kroch launisch an seinen Füßen vorbei, die schmuddelige Prärie erstreckte sich trostlos auf der anderen Seite, während die schweren Hügel von Indiana feierlich auf das Plateau blickten, auf dem die Gebäude errichtet werden sollten.

Nun, die meisten Menschen haben einen Lebensplan, in den alle Kraft und das feine, feine Gefühl ihrer Natur einfließen; Aber im Allgemeinen versuchen sie schon in der frühen Jugend, es Wirklichkeit werden zu lassen, und wenn sie sich dann sträuben, lachen sie später immer wieder über ihre eigene Torheit. Dieser arme alte Knowles hatte begonnen, seinen Traum zu verdrängen, als er ein hagerer, grauhaariger Mann von sechzig Jahren war. Ich habe Männer erlebt, die ihr Herzblut und ihren Verstand so sehr in ihre Arbeit gesteckt haben, dass, als sie zusammenbrach, ihr Leben mit ihr einherging. Er fiel an diesem trüben Tag im Oktober; aber wenn es ihm wehtat, wusste es kein Mensch. Er saß da, schaute auf die weite Hochebene und pfiff lange Zeit leise vor sich hin. Er hatte gemeint, dass dort viele Herzen besser und glücklicher gemacht werden sollten; er hatte geträumt – Gott weiß, was er geträumt hatte, wovon diese Realität die Grundlage war – davon, wie viel Weltfreiheit, oder Schönheit, oder freundliches Leben das Herz oder der Same war. Jetzt war alles vorbei. Den ganzen Nachmittag über hing der schlammige Himmel tief über den Hügeln und der trüben Prärie, während er dort saß und in die düstere Düsternis blickte: so wie Sie und ich es vielleicht einmal getan haben, vereitelt in einer wahren Hoffnung, – sauer und verbittert gegen Gott , weil Er nicht erkannte, wie sehr sein Universum unsere Lieblingsreform brauchte.

Endlich stand er auf und ging ohne einen Seufzer langsam davon, wobei er den Mut und die Selbstvertrauen seines Lebens hinter sich ließ, begraben mit diesem einen schönen, schönen Lebenstraum. Er kam nie wieder zurück. Die Leute sagten, Knowles sei seit seinem Verlust ruhiger gewesen; Aber ich denke, nur Gott hat die Tiefe des Unterschieds erkannt. Als er an diesem Tag das Plateau verließ, blickte er zurück, als wollte er sich verabschieden – nicht auf die schmuddeligen Felder und den Fluss, sondern auf das Etwas, das er so lange in seinem rauen Herzen gehegt und dann aufgegeben hatte jetzt und für immer. Während er hinsah, kam die warme, rote Sonne heraus und erhellte den ganzen grauen Tag mit einer herzhaften Wärme. Eine segnende Kraft schien ihn von diesem Friedhof seiner Hoffnungen aus anzuschauen, von den düsteren Hügeln, der Prärie und dem Fluss, den er nie wieder sehen sollte. Seine erfüllte Hoffnung hätte ihn nicht mit sichererer Zufriedenheit und Erfüllung ansehen können. Er wandte sich undankbar und launisch ab. Lange danach erinnerte er sich an die Ruhe und den Glanz, zu dem seine Hand nicht erhoben worden war, und verstand die Bedeutung dieses Versprechens.

Er machte sich nun ernsthaft an die Arbeit: Er musste für seinen Lebensunterhalt arbeiten, verstehen Sie? Anfangs unruhig, ungeduldig; aber das werden wir ihm verzeihen: Vielleicht waren Sie selbst nicht ganz unterwürfig, als die langsam aufgebaute Lebenserwartung durch einen Zufall, wie Sie es nannten, zerstört wurde, der nicht kontrollierbarer war als dieses dürftige Abbrennen einer Mühle. Doch jetzt, da die große Hoffnung, an der sein Gehirn mit starrer, wilder Entschlossenheit gearbeitet hatte, verschwunden war, jetzt, da seine Hände nicht mehr in der Lage waren, eine sterbende Klasse zu erlösen, hatte er Zeit, in eine nachlässige, freundliche Gewohnheit zu verfallen: Er dachte, es sei Zeitverschwendung, natürlich aus Reue. Er war neugierig und wollte wissen, welchen Lebensplan diese Menschen hatten, die ihm auf der Straße begegneten. wenn sie enttäuscht wären, so wie er. Er war demütig und wusste kaum warum: vage, unsicher im Handeln. Hören Sie auf, den alten Huff mit seinen Ratschlägen zu verfolgen; trottete mit einem eingeschüchterten Blick durch die Straßen, der, wenn man in das abgestumpfte alte Herz unter seiner verschwitzten Weste hätte sehen können, erbärmlich genug gewirkt hätte. Manchmal ging er hin, um dem alten Tim Poole, der bettlägerig war, die Zeitungen vorzulesen und sich kein einziges Mal über sein Geschwätz über die Sezession oder das Elend in seinem Rücken zu ärgern. Ging manchmal in die Kirche: Die Predigten waren seiner Meinung nach immer bigotterisch, er saß auf einem Rücksitz und spritzte Tabaksaft über sich; aber die einfachen, altmodischen Hymnen trieben ihm Tränen in die Augen: „Sie klangen für ihn wie die Stimme seiner Mutter, die im Paradies sang:" Er hoffte, sie konnte nicht sehen, wie die Dinge hier vorgegangen waren – wie ehrlich das alles war und stark in seinem Leben war in dieser höllischen Mühle gefallen. Ein- oder zweimal ging er die Crane Alley entlang und stapfte drei Treppenpaare hinauf zur Mansarde, in der Kitts sein Atelier hatte – und besorgte ihm tatsächlich Aufträge für zwei Porträts; Und als dieser blassäugige junge Mann mit sehr rotem Gesicht eines Nachts in einem Anfall von Selbstvertrauen den Vorhang von seinem großartigen „Fall von Chapultepec" zurückzog und ihn mit einem hageren und hungrigen Blick beobachtete, wusste Knowles, wer wusste Es ging ihm nicht mehr ums Malen als um einen Gorilla, der umherging, mit der Faust darauf blickte und sagte: „Wie schön das Hell-Dunkel war und dass es insgesamt eine teuflisch gute Sache war." „Na ja", beruhigte er sein Gewissen und ging die Treppe hinunter, „vielleicht ist dieses Stück Leinwand für diesen armen Kerl genauso wichtig wie einst die Phalansterie für einen anderen Narren." Und so ging er weiter durch die gaserleuchteten Straßen in seine Pfarreien, in Keller und Gassen, mit schmerzlicherem Herzen, aber fröhlicheren Worten, jetzt, da er nichts als Worte zu geben hatte.

Der einzige Ort, an dem er sein Herz verhärtete, war das Krankenhaus bei Holmes. Nachdem er zu vollem Bewusstsein erwacht war, hielt Knowles den Mann für ein Biest, das Tag für Tag ohne Klagen da saß, kalt und ernst, als ob ihm die lebendige Wärme des Spätherbstes genügen würde. Verstand er das eiserne Schicksal, das ihm auferlegt wurde? Wo war jetzt die Stärke der aus sich selbst existierenden Seele? Wusste er, dass es ein widerspenstiges, besiegtes Leben war, das auf ihn wartete, ohne die Triumphe, die er geplant hatte? „Die aus sich selbst existierende Seele! durch Zufall in ihrem Wachstum gestoppt, diese allmächtige Gottheit – das zufällige Abbrennen einer Mühle!" Knowles murmelte vor sich hin und sah Holmes an. Mit einem schwachen Anflug von Zweifel, wie er es sagte, ob es nicht doch etwas geben könnte – eine tiefe Ruhe, eine ewige Ordnung, wo er und Holmes, diese rohen Zufälle, diese ringenden Seelen, diese Glaubensbekenntnisse, Katholische oder humanitäre Anhänger, sogar dieser lächerliche Kitts und sein Bild, könnten unbewusst ihre Rolle spielen. Als er aus dem Fenster des Krankenhauses schaute, sah er das tiefe, makellose Blau, undurchdringlich, und die Sterne , die in ihrem Schweigen das verrückteste Toben der kleinlichen Welt nicht wahrnahmen. Es herrschte so eine Ruhe! so unendliche Liebe und Gerechtigkeit! es war rundherum, über ihm; es hielt ihn, es hielt die Welt – alles falsch, alles richtig! Für einen Moment kauerte das trübe Herz des Mannes voller Ehrfurcht, wie es bei Ihnen oder mir der Fall war, als uns eine schnelle Berührung von Musik oder menschlicher Liebe einen ergreifenden Blick auf das große ICH BIN gewährte. Als nächstes öffnete er die Zeitung in seiner Hand. Welchen Platz in der ewigen Ordnung könnte DAS einnehmen? oder Sklaverei, oder Sezession oder Bürgerkrieg? Keine Harmonie könnte unendlich genug sein, um solche Zwietracht zu bewahren, dachte er und schob die ganze Angelegenheit verzweifelt von sich. Nun, das Experiment der Selbstverwaltung, das Problem der Jahrhunderte, zerfiel in Trümmern! Also verzweifelte er, genau wie Tige in der Nacht, in der ihm die Mühle um die Ohren fiel, im vollen Vertrauen, dass die Welt jetzt untergegangen war, ohne Hoffnung auf Erlösung, und kroch in stummer Verwunderung aus seinem Keller, als die Sonne aufging üblich am nächsten Morgen.

Knowles saß da, starrte Holmes über seine Zeitung hinweg an und beobachtete den trägen Atem, der zeigte, wie tief der Schmerz gewesen war, den verstümmelten Körper, das äußerlich kühle, wachsame und zurückhaltende Gesicht wie zuvor. Er stellte sich den Abgrund der Enttäuschung vor, in den Gott die Seele dieses Mannes gestürzt hatte: Würde er herauskommen? Würde er Miss Herne als erste Stufe auf seinem Weg betrachten oder sich damit zufrieden geben, als kräftiger Mann in die Tiefe ohnmächtiger Armut geworfen zu werden? Er konnte nicht sagen, ob die Stille auf Holmes' Gesicht aus unerschütterlichem Trotz oder Unterwerfung resultierte: So hätten die stummen Könige unter den Füßen des Pharaos ausgesehen haben können. Als er auch über den Boden ging, so schwach er auch war, war es mit dem alten Eisentritt. Er fragte Knowles sofort, in welches Geschäft er gegangen sei.

„Mein altes Hobby auf bescheidene Weise – das House of Refuge."

Sie lachten beide.

„Ja, das stimmt. Der Hausmeister macht mich den Besuchern gegenüber als ‚Unter-Superintendent, Philanthrop in heruntergekommenen

Verhältnissen' bekannt." Vielleicht ist es mein Lebenswerk" – immer trauriger und ernster.

„Wenn Sie diese kleinen Bettler und Diebe mit Ihrer Theorie impfen können, wird sie nach Ihrem Tod zur Praxis."

„Das denke ich", sagte Knowles ernst und seine Augen strahlten, „das denke ich."

„Eine ebenso undankbare Aufgabe wie die von Moses", sagte der andere und beobachtete ihn neugierig. „Denn DU wirst das schöne Land nicht sehen, – DU wirst nicht hinübergehen."

Das schlaffe Gesicht des alten Mannes verfinsterte sich.

„Ich weiß", sagte er.

Er blickte unwillkürlich ins Blaue und zu den klar leuchtenden, ewigen Sternen.

„Ich nehme an", sagte er nach einer Weile fröhlich, „ich muss mich hier mit Lois' Glaubensbekenntnis begnügen: ‚Es wird irgendwann klappen.'"

Lois blickte von dem Topf auf, in dem sie rührte, ihr Gesicht wurde ziemlich rot und sie nickte ein halbes Dutzend Mal nachdrücklich.

„Schließlich", sagte Holmes freundlich, „hat Sie diese Chance möglicherweise auf den wahren Weg zum Erfolg Ihres neuen Systems der Soziologie gezwungen. Nur unbefleckte Naturen könnten für die Selbstverwaltung geeignet sein. Finden Sie, dass das brachliegende Feld leicht zu bearbeiten ist? "

Knowles rutschte unruhig hin und her.

„Nein. Tatsache ist, dass ich langsam glaube, dass Blut ein großes Hindernis darstellt. Es fällt mir sehr schwer, Sir, dem jüngsten Kind wahre Vorstellungen von absoluter Freiheit und selbstlosem Heldentum zu vermitteln. "

„Du bringst ihnen das allein durch Vernunft bei?" sagte Holmes ernst.

„ Nun – natürlich – das ist die wahre Theorie; die Vernunft ist das einzige Joch, das einer frei geborenen Seele auferlegt werden sollte; aber ich – ich halte es für notwendig, sie auspeitschen zu lassen, Mr. Holmes."

Holmes bückte sich plötzlich, um Tiger zu tätscheln und verbarg dabei ein verstohlenes Lächeln. Der alte Mann fuhr ängstlich fort :

„Der alte Mr. Howth sagt, das sei das Ende aller Selbstverwaltungen: von der Anarchie zur Despotie, sagt er. Brutale Gewalt muss eingreifen. Alte

Menschen neigen dazu, sich auf ihre Art und Weise festzusetzen, wissen Sie. Ehrlich gesagt finden wir das nicht Ich erhoffe mir viel von der Unterstützung einer Frau: Ich habe sie schon immer für diese Arbeit bestimmt: Sie verfügt über eine große verborgene Kraft der Sympathie und Ausdauer, die in der Lage ist, diesen Elenden die christliche Lehre nahezubringen."

„Der Christ?" sagte Holmes.

selbst kein Gläubiger , wissen Sie; aber ich finde, dass er diese Menschen stärker erfasst als abstraktere Glaubensrichtungen: Ich nehme an, wegen der Menschlichkeit Jesu. In Utopia werden wir natürlich leben aus wissenschaftlichen Grundsätzen; aber sie antworten im Repräsentantenhaus nicht."

"Wer ist die Frau?" fragte Holmes nachlässig.

Der andere beobachtete ihn aufmerksam.

„Sie kommt für fünf Jahre. Margret Howth."

Er tätschelte den Hund mit der gleichen harten, unbewegten Berührung.

„Es ist eine religiöse Pflicht für sie. Außerdem muss sie etwas tun. Sie sind fast am Verhungern, seit die Mühle niedergebrannt ist."

Holmes' Gesicht war gebeugt; er konnte es nicht sehen. Als er aufsah, fand Knowles es starrer und unbeweglicher als zuvor.

Als Knowles wegging, sagte Holmes zu ihm:

„Wann geht Margret Howth in die Höhle des Teufels?"

„Das Haus? An Neujahr." Die Verachtung in ihm war zu heftig, um zu schweigen. „Es ist die beste Zeit, ein neues Leben zu beginnen. Sie selbst werden bis dahin Ihren Plan erfüllt haben – die Heirat?"

Holmes lehnte am Kaminsims; seine Lippen waren blass.

„Ja, das werde ich, das werde ich" – in seinem leisen, harten Ton.

Ein plötzlicher Traum von Wärme und Schönheit blitzte vor seinen grauen Augen auf und erhellte sie, wie Knowles es noch nie zuvor gesehen hatte.

„Miss Herne ist wunderschön – ich gratuliere Ihnen, in westlicher Manier."

Der alte Mann verbarg sein höhnisches Grinsen nicht.

Holmes verneigte sich.

„Ich danke dir für sie."

Lois hielt die Kerze in der Hand, um den Doktor aus den langen Gängen anzuzünden.

„Yoh hev Haben Sie Barney nicht bei Mr. Howth gesehen, Doktor? Er ist jetzt da .

„Nein. Wann sollst du mit dem Warten fertig sein – Mann, Lois? Gott steh dir bei, Kind!"

Lois' schneller Instinkt antwortete:

„Er ist sehr freundlich. Er ist wie eine Frau, die Freundlichkeit zu jemandem wie mir hat. Wenn ich sterbe, möchte ich Augen wie ihn sehen, zärtlich, mitleiderregend."

„Frauen sind gleichermaßen Dummköpfe", grummelte der Doktor. „Macht nichts. ‚Wann kommst du, um zu sterben?' Was hat dir das in den Sinn gebracht? Schau nach oben.

Das Kind schützte die brennende Kerze mit der Hand.

„Ich glaube nicht, dass ich sterben werde " , sagte sie lachend.

Um ihre Augen lag ein grauer Schatten, ein spitzer Gesichtsausdruck, den er noch nie zuvor gesehen hatte, als er sie jetzt mit den Augen eines Arztes ansah.

„Tut dir hier irgendetwas weh?" berührte ihre Brust.

„Jetzt ist es besser. Es war in der Nacht des Feuers . Der Atem der Mühle , glaube ich – aber es ist nichts ."

„Kupferrasen verbrennen? Natürlich ist es besser! Oh, das ist nichts!" sagte er fröhlich.

Als sie die Tür erreichten, streckte er ihr zum ersten Mal in seinem Leben die Hand entgegen, wartete dann und tätschelte ihr den Kopf.

„Ich denke, es wird schon klappen, Lois", sagte er verträumt und blickte in die Nacht hinaus. „Du bist ein braves Mädchen. Ich denke, es wird alles gut werden. Für dich und mich. Irgendwann. Gute Nacht, Kind."

Nachdem er ein langes Stück die Straße entlang gegangen war, drehte er sich um und nickte der komischen kleinen Gestalt in der Tür noch einmal zu.

KAPITEL IX.

Wenn Knowles in dieser Nacht jemanden hasste, dann hasste er den Mann, den er mit bleichen, schweren Kiefern und einem eisernen Herzen dastehen ließ; er hätte ihn verfluchen können, als er dort stand. Er sah nicht, wie der Mann, nachdem er allein gelassen worden war, mit dem Gesicht zur Wand lag und seine knochige Hand an die Stirn hielt, mit einem Ausdruck in seinen Augen, wenn man ihn gesehen hätte, hätte man gedacht, seine Seele sei eingedrungen Auf diesem Weg, dessen Schritte die Hölle erreichen.

In seinem Gesicht war kein Kampf zu erkennen; Welchen Entschluss er auch immer in den einsamen Stunden gefasst hatte, als er so nah an der Grenze des Todes gestanden hatte, er war jetzt unerschütterlich; aber das Herz, das zuvor zerquetscht und erstickt worden war, nahm seine schreckliche Rache. Wenn es jemals in den kalten, selbstsüchtigen Tagen nach Gottes Hilfe oder der Liebe einer Frau gehungert hatte, so hungerte es jetzt mit einem Verlangen wie der Tod. Hätte er je daran gedacht, wie karg und leer die Jahre sein würden, wenn er mit Lippen, die noch nie den Kuss einer wahren Frau gekannt hatten, ins Grab hinabstieg, erinnerte er sich jetzt, als es zu spät war, mit einer Bitterkeit daran, die einem Mann das Herz zerreißt einmal im Leben. Wenn er dieser Margret, die er sie fremd oder fremd nannte, seiner eigenen Seele jemals vorenthalten hatte, so rief sie sie jetzt, als es zu spät war, an ihren rechtmäßigen Platz zurück; In den dunkelsten Tiefen seiner Natur gab es keinen Gedanken und keine Hoffnung, die in dieser Nacht nicht um ihre Hilfe schrie – für sie, einen Teil von ihm – jetzt, wo es zu spät war. Er ging alle vergangenen Jahre durch und stellte sich die kommenden Jahre vor; er erinnerte sich an das Geld, das seiner göttlichen Seele zum Aufstieg verhelfen sollte; Er dachte fluchend daran, stand auf und ging langsam und leise auf dem Boden des engen Zimmers auf und ab. Als er in das stille Sternenlicht und den malerischen Garten blickte, versuchte er, sich diese Frau so vorzustellen, wie er sie kannte, nachdem die ruhelose Kraft ihrer Seele in einer engen, leblosen Pflicht hätte erkalten und verhungern sollen. Er kam sich vor, dass sie alt und streng und lebensmüde war, sie, die zusammen hätte sein können, was hätten sie nicht sein können? Und er hatte sie für Geld dorthin getrieben , – Geld!

Es hatte keinen Sinn, es jetzt zu bereuen. Er hatte die Liebe vor langer Zeit aus ihrem Herzen eingefroren. Er erinnerte sich (an alles, woran er sich aus der leeren Nacht nach seiner Verletzung erinnerte), dass er ihr weißes, erschöpftes Gesicht gesehen hatte, das auf ihn herabblickte; dass sie ihn nicht berührte; und als eine der Schwestern ihr sagte, sie könne ihren Platz einnehmen und ihm die Stirn abwischen, sagte sie bitter, sie habe kein Recht dazu, dass er kein Freund von ihr sei. Er sah und hörte das, unbewußt für alles andere; er hätte es gewusst, wenn er tot gewesen wäre und dort gelegen hätte. Jetzt war es zu spät: Warum musste er darüber nachdenken, was hätte sein können? Dennoch dachte er die ganze lange Winternacht hindurch daran , und mit jedem Augenblick wurde sein Gedanke an das kommende Leben oder an sie zärtlicher und bitterer. Wundern Sie sich über die Reue dieses Mannes? Warten Sie also, bis Sie allein daliegen, wie er es getan hatte, durch Tage, die so langsam und aufschlussreich wie die Ewigkeit sind, Angesicht in Angesicht mit Gott und dem Tod. Warten Sie, bis Sie der Ewigkeit so nahe kommen, dass das Leben, das Sie gelebt haben, in der schrecklichen Kahlheit, in der Gott es sieht, vor Ihnen hervortritt – so wie Sie es eines Tages vom Himmel oder der Hölle aus sehen werden: Geld, Hass und Liebe werden es tun Dann stehen Sie in ihrem wahren Licht. Doch als er wieder zum Leben erwachte, behielt er die Entschlossenheit bei, die er dort unten mit seinem alten eisernen Willen erreicht hatte: all den Schmerz, den er ertragen musste, als er auf das falsche Leben vor ihm zurückblickte, oder die unaufhörliche Erinnerung daran, dass es jetzt zu spät war, ihn wiedergutzumachen Dieses falsche Leben machte ihn stärker, diesem Entschluss treu zu bleiben, den selbstgewählten Weg zu gehen, möge das Ende sein, wie es wolle. Was auch immer der Entschluss war, es stillte nicht den nagenden Hunger in seinem Herzen in dieser Nacht, den jede Kleinigkeit frischer und stärker machte .

Es gab einen Weidenkorb, den Lois neben dem Feuer gelassen hatte und in dem sich Stoff- und Lederfetzen stapelten, aus denen sie Weihnachtsgeschenke fertigte; ein Paar tolle Wollsocken , von denen ihm eine der Schwestern privat erzählt hatte, dass Lois für ihn bestimmt war, lag darauf. Wie für alle ihre Leute war Weihnachten für sie der größte Tag des Jahres. Holmes musste lächeln, als er sie ansah. Arme Lois! – Weihnachten wäre also bald da? Und als er am abgedeckten Feuer saß, dachte er an vergangene Weihnachten zurück, an alle anderen, die Margret ihm am nächsten und wärmsten brachten: Seit er ein Junge war , waren sie an diesem Tag zusammen gewesen. Mit der Hand vor den Augen saß er bis zum Morgen still am Feuer. Er hörte einen Jungen, der im grauen Morgengrauen vorbeiging und einem anderen zurief, dass sie in der Weihnachtswoche Urlaub hätten. Es würde kommen, dachte er und raffte sich auf, aber nie mehr so wie zuvor: Das konnte nie wieder passieren. Doch es war seltsam, wie dieser Gedanke an Weihnachten ihn packte, nachdem er sein Herz ausgehungert hatte. Als der langsam herannahende Winter näher rückte, die Tage kürzer und die Nächte länger und einsamer wurden, wurde Margret für ihn realer – nicht zurückgewiesen und verloren, sondern als die Frau, die sie hätte sein können, mit der einfachen, leidenschaftliche Liebe, die sie ihm einmal schenkte. Der Gedanke wurde ihm unerträglich; Doch es gab kein heimeliges Vergnügen aus jenen vergangenen Jahren, als der alte Schulmeister an Weihnachten hohe Feiertage feierte, an das er sich nicht erinnerte und das er nicht mit knabenhafter Sehnsucht verweilte, jetzt, da diese Dinge für immer vorbei waren. Er rieb sich unter seiner Schwäche. Wenn doch der Tag kommen würde, an dem er hinausgehen und sein Schicksal besiegen könnte, wie es ein Mann tun sollte! Am Weihnachtsabend würde er diesen quälenden Verspottungen ein Ende setzen, Schluss mit ihnen machen und das Opfer so gestalten, wie es nur wolle. Denn ich fürchte, dass Stephen Holmes auch jetzt noch an seine eigene Not und seinen eigenen Hunger dachte.

Er sah zu, wie Lois ihre armen kleinen Geschenke strickte und flickte, mit dem vagen Gefühl, dass jeder Stich die Zeit einen Moment kürzer machte, bis er frei sein und sein Leben wieder in der Hand haben würde. Sie verließ schließlich das Krankenhaus, ziemlich traurig, aber er ließ sie gehen: Er bildete sich ein, die enge Luft tat ihr weh, als er nachts den seltsamen Schatten sah, der auf ihrem Gesicht wuchs. Ich glaube nicht, dass er jemals zu ihr gesagt hat, dass er alles wusste, was sie für ihn getan hat, oder dass er ihr gedankt hat; Aber kein Hund und keine Frau, die Stephen Holmes liebte, konnte ihm in die Augen schauen und an dieser Liebe zweifeln. Traurige, herrschaftliche Augen, wie man sie nur ein- oder zweimal im Leben sieht: Keine Frau würde sich wie Lois wünschen, dass solche Augen in ihrer Nähe wären, wenn sie sterben würde, damit sie sich an die Liebe der Welt erinnerte. Sie kam Jeden Tag humpelte sie zurück, um ihn zu sehen, nachdem sie gegangen war, und blieb, um seine Suppe zu kochen, und erzählte ihm kindlich, wie viele Tage es noch bis Weihnachten waren. Er wusste das genauso gut wie sie, während er die kalten, langsamen Stunden in seinem einsamen Zimmer verbrachte. Manchmal dachte er, sie hätte ihm eine eifrige Bitte zu überbringen, wenn sie ihn wehmütig beobachtete und die Hände verschränkte; aber sie erstickte es jedes Mal mit einem Seufzer und ging, dachte er, jeden Tag langsamer, ihre kleine Wollmütze zubindend, weg.

Erinnern Sie sich, wie Weihnachten in diesem Jahr kam? Wie gab es eine Wartepause, als die Staaten stillstanden und aus den Völkern die ersten schrecklichen Geräusche des Sturms kamen, der die Erde erschüttern sollte? Wie die Herzen der Männer vor Angst im Stich gelassen wurden, wie Frauen blass wurden und ihre Kinder fester an ihre Brust drückten, während sie einen fernen Klageschrei über ihr gefallenes Land hörten? Erinnern Sie sich, wie inmitten der Wut der Menschen die Vorratshäuser Gottes für dieses Land geöffnet wurden? Wie erstrahlte der Sonnenschein in neuem Glanz , der Regen in noch fruchtbarerer Form, bis die Erde eine unbekannte Fülle an Leben und Schönheit ausstrahlte? Gab es dort kein Versprechen, keine Prophezeiung? Erinnert ihr euch daran, wie friedlich das Leben des Volkes war, als das Leben des Volkes vor ihm schwebte, als der Todesengel wieder über das Land zog und kein Blut an irgendeinem Türpfosten klebte, um ihn von diesem Haus fernzuhalten alte Erde in ihrer Ernte gefaltet, tot, bis sie zu einem stärkeren Leben erwachen sollte? Wie still bereitete sich diese alte Erde, als die Zeit für die Geburt Christi näher rückte, auf sein Kommen vor, ohne Rücksicht auf das Geschrei der Menschen? Wie die Luft oben von Tag zu Tag frischer wurde und sich die graue Tiefe lautlos öffnete, damit der Schnee herabsinken und die schmutzige Erde bedecken, weiß machen und heiligen konnte? Ich denke, der langsam fallende Schnee hat seine stille Warnung nicht verfehlt; denn ich erinnere mich, dass auch die Menschen auf schwache Weise versuchten, sich auf die Geburt Christi vorzubereiten. In ihren Herzen herrschte ein gesünderes Leuchten als der Schrecken; vielleicht wegen der unbestimmten, großen Furcht draußen rückten sie um die Hausfeuer herum näher zusammen und waren auf die gute, altmodische Art freundlicher; Alte Freundschaften wurden geweckt, alte Zeiten besprochen, Väter, Mütter und Kinder planten heimelige Wege, um die Liebe in ihren Herzen zu zeigen und Weihnachten willkommen zu heißen. Wer wusste, aber es könnte das letzte sein? Seien wir dankbar für diesen schönen Weihnachtstag. Was wäre, wenn es das letzte wäre? Was wäre, wenn, wenn ein anderer kommt und ein anderer, eine Stimme, die freundlichste und fröhlichste, dann nie wieder „Frohe Weihnachten" zu uns sagen würde? Lasst uns umso dankbarer für diesen Tag sein – umso mehr akzeptieren wir ihn als Zeichen dessen, was sicherlich kommen wird.

Selbst Holmes spürte in seinem trostlosen Zimmer und in noch trostloseren Gedanken die Wärme und die erwartungsvolle Bewegung, die durch das Land kroch, als der Tag näher rückte. Selbst im Krankenhaus waren die Schwestern geschäftig damit beschäftigt, ihre kleine Kapelle mit Blumen zu schmücken und ein Fest für ihre Patienten vorzubereiten. Während der Arzt seinen gebrochenen Arm verband, deutete er auf leise Gerüchte in der Stadt der Maskeraden und Konzerte hin. Sogar Knowles, der das Krankenhaus wochenlang nicht besucht hatte, gab nach und kam launisch und mürrisch zurück . Er brachte Kitts mit und erzählte ihm, wie man in Ohio auf der Farm seiner Mutter Weihnachten feierte; und die arme Seele, ermutigt durch das Schweigen zweier seiner Zuhörer und das intensive Interesse von Lois im Hintergrund, tüftelte weiter an Weihnachtsmannbäumen und Virginia-Spulen herum, bis die Uhr zwölf schlug und Knowles zu schnarchen begann.

Weihnachten stand vor der Tür. Als er Tag für Tag da stand und aus dem grauen Fenster schaute, konnte er die Anzeichen seines Kommens sogar in den Schaufenstern sehen, in denen wundersames Spielzeug glänzte, in den Marktkarren mit ihren rotgesichtigen Fahrern und haufenweise Enten usw Truthähne, in jeder Postkutsche oder jedem Omnibus, der vorbeifuhr, voller Jungs , die über die Feiertage nach Hause kamen, jubelten Bell oder Lincoln zu, vergessend, dass die Wahl vorbei und Carolina raus war.

Eines Tages kam Pike zu ihm, die Arme voller einem Bündel, das sich als Akkordeon für Sophy herausstellte.

„Weihnachten, wissen Sie", sagte er, während er das braune Papier abnahm, während er die Cotton States am heftigsten verfluchte, und ernsthaft an den Tasten knetete und sie dehnte, bis er so viel Zwietracht hervorrief wie fünf Kongressabgeordnete. „Ich glaube, das wird Sophy gefallen", sagte er, während er es von der Seite betrachtete und es vorsichtig zuschnürte.

„Ich bin sicher, dass sie das tun wird", sagte Holmes – und hielt den Mann nicht einen Moment lang für einen Narren.

Immer wieder kehrte dieser Holmes zurück, wenn er allein war, zu der Gewissheit, dass Heimkehr oder Kinderküsse oder Weihnachtsfeste nichts für jemanden wie ihn waren – niemals sein konnten, obwohl er in Bitterkeit des Herzens nach der alten Zeit suchte; und so erinnerte er sich dumpf an seinen Entschluss und wartete auf den Weihnachtsabend, an dem er alles beenden könnte. Keines der unzähligen glücklichen Kinder lauschte aufmerksamer dem stundenlangen Schlagen der Uhr als der stille, strenge Mann, der keine Hoffnung auf den kommenden Tag hatte.

Er lernte, selbst auf die arme Lois zu achten, die jeden Tag den Korridor heraufkam – sie war das einzige Band, das den einsamen Mann mit der inneren Welt der Liebe und Wärme verband. Der deformierte kleine Körper war jetzt ganz lebendig von Weihnachten und brachte auf seine schwache Art seinen Glanz mit. Anders als die anderen sah er mit neugierigem Interesse zu. Der Tag war für sie realer als für sie. Nicht nur, weil die Fürsorge, die sie allen entgegenbrachte und die jeder für sie hatte, ihren Höhepunkt in freundlichen Gedanken für die Weihnachtszeit zu erreichen schien; Nicht, weil sie, während sie da saß und langsam redete und nach Luft schnappte, große Angst zu haben schien, dass sie nicht genug Gaben haben würde, um herumzukommen; aber tiefer als das – der Tag war für sie real. Als ob es tatsächlich wahr wäre, dass der Meister, an den sie glaubte, einmal im Jahr neu in die Welt geboren wurde, um in den trüben, erschöpften Herzen alles Freundliche, Edle und Reine zu erwecken; als ob mit dem Anbruch des Weihnachtsmorgens neue Ehre , Stolz und Liebe in die Bereiche unter dem Himmel aufblitzen würden. Es war ein wunderschöner Glaube; er wünschte fast, es wäre seins. Ein wunderschöner Glaube! Es gab dem alten Brauch von Geschenken und freundlichen Worten einen Sinn. Es kommt LIEBE auf die Welt! – die Idee gefiel seinem künstlerischen Geschmack, sie war einfach und erhaben. Lois erzählte ihm, während sie schwach versuchte, sein Zimmer in Ordnung zu bringen, von all ihren Plänen – wie Sam Polston am Neujahrstag heiraten sollte – und vor allem davon, dass Weihnachten in der alten Schule stattfinden würde -

Meister: wie das alte Haus von oben bis unten geschrubbt worden war, von glänzender Farbe und heißen Feuern ziemlich glänzte, - wie Margret und ihre Mutter arbeiteten, voller Angst, der alte Mann könnte herausfinden, wie arm und kahl es war,- wie er und Joel zu Fuß am anderen Ende der Plantage draußen im Sumpf ein geheimes Unternehmen unternahmen und fast den ganzen Tag weg waren.

Sie hörte endlich auf zu kommen. Eine der Schwestern ging zu ihr und sagte ihm, sie sei zu schwach zum Gehen, aber es würde ihr bald besser gehen – bis zu den Feiertagen würde es ihr ganz gut gehen. Er wünschte, das arme Ding hätte ihm gesagt , was sie von ihm wollte – wünschte es ängstlich, mit einer dumpfen Ahnung des Bösen.

Die Tage vergingen kalt und langsam. Er beobachtete grimmig die Vorbereitungen, die der Krankenhausarzt stillschweigend in seinem Fall gegen Fieber und Entzündungen traf.

„Ich muss stark genug sein, um an Heiligabend geheilt auszugehen“, sagte er eines Tages kühl zu ihm.

Der alte Arzt blickte schlau auf. Er war ein alter Elsässer, sehr offenherzig.

"Das sagst du?" er murmelte. „Chut! Dann werden Sie gehen. Es gibt einige – Bulldoggen, Männer. Sie tun, was sie wollen – sie sterben nie, es sei denn, sie wollen, Bettler ! Wir kennen sie in unserer Praxis, Herr Holmes!“

Holmes lachte. Irgendeinen Scharfsinn, dachte er, in der Medizin oder im Kopf: Was ihn selbst betrifft, so stimmte es völlig; Der Erfolg, den er im Leben erlangt hatte, war weder auf Begeisterung noch auf Hoffnung zurückzuführen; eher eine verbissene Beharrlichkeit des „Festhaltens“.

Eine lange Zeit; aber endlich war Heiligabend: hell, still, frostig. „Was auch immer er zu tun hatte, es soll schnell erledigt werden.“ aber nicht, bis die festgesetzte Stunde gekommen war. Also legte er seine Uhr neben sich auf den Tisch und wartete, bis sie den Zeitpunkt anzeigte, den er gewählt hatte: die vorherrschende Leidenschaft der Selbstbeherrschung, die in dieser Wende des Lebens so stark sein würde, wie sie zuletzt bei ihrem Abebben sein würde. Der alte Arzt fand ihn allein in dem trostlosen Zimmer, als er mit dem frostigen Atem der eifrigen Straße um ihn herum hereinkam. Ein düsterer, erschreckender Anblick, so einsam und undurchdringlich wie die Sphinx. Er mochte solche Gesichter in dieser freundlichen und liebenswürdigen Zeit nicht, deshalb beeilte er sich mit seiner Untersuchung. Das Auge war kühl, der Puls ruhig, der Körper des Mannes, so angeschlagen er auch war, stark in seiner stählernen Haltung. „Ja wohl ! – ja wohl !“ Er fuhr fröhlich fort und fasste zusammen: latentes Fieber – selbst die Lippen waren blau, trocken wie Schalen; „Er würde gehen, – oui ? – dann gehen!“ –

mit einem Lachen. „Alles klar, viel Glück, Zu!" Und so wurde herausgemischt. Latentes Fieber? Zweifellos, aber kaum von gebrochenen Knochen, dachte der Arzt, ohne eine Ahnung von der subtilen , unerträglichen Leidenschaft zu haben, die in jedem Tropfen des phlegmatischen Blutes dieses Mannes schwelte .

Endlich wurde es Abend. Er blieb stehen, bis die gesprungene Glocke der Kapelle das Angelusgebet erklungen hatte, dann zog er seinen Mantel an und ging hinaus. Als er den Gartenweg entlangging, stolperte ein elendes Huhn auf ihn zu und zwitscherte betrunken, um ihn zu erkennen. Für einen Moment atmete er erneut den heißen Rauch der Mühle ein und erinnerte sich daran, wie Lois ihn in Margrets Büro gefunden hatte, nicht zu vergessen den Käfig: er hatte Angst vor diesem niedrigen Leben, auch wenn er selbst in Gefahr war. Als er also auf die Straße ging, prüfte er auf seine alte Art mit dieser Kleinigkeit sein eigenes Wesen. „Die herrschende Leidenschaft ist stark im Tod", nicht wahr? Es war keine Selbstliebe gewesen; etwas Tieferes: ein Instinkt statt Vernunft. War er froh, das über sich selbst zu denken? Er blickte aufmerksamer auf das Gesicht, das das bevorstehende Weihnachtsfest trug. Die Luft war kalt und stechend. Die überfüllte Stadt schien zu einem großen Vergnügen zu erwachen; Sogar sein eigener schwacher, bedächtiger Schritt hallte auf dem eisigen Pflaster wider, als wollte er sich mit den anderen freuen. Ich sagte, es sei eine Handelsstadt. Das stimmte auch, aber der Handel selbst hatte heute ein fröhliches Weihnachtsgesicht; die mürrischen alten Banken und Pfandleihhäuser schämten sich ihrer Taten, schlossen ihre Türen und bedeckten ihre Fenster mit frostigen Bäumen, Kathedralen und Burgen; die Geschäfte öffneten ihr Innerstes; Der Engel eines Kindes hatte sie berührt, und sie strömten hinaus in eine magische Pracht aus Weihnachtsbäumen, Lichtern und Spielzeugen. In jedem von ihnen hätte der Weihnachtsmann sein Hauptquartier aufschlagen können. Was die Kinder betrifft, so stolperte man auf Schritt und Tritt über sie, ganz bedrückt von der Schwere ihrer Freude und dem Geld, das ihnen die Taschen verbrannte; Die grimmigen alten Makler und Betrüger, denen man an anderen Tagen mit Gänsehaut begegnete, hatten sich in fröhliche Familienväter verwandelt und schlenderten lachend herum, begleitet von einem halben Dutzend kleiner Hände, die sie in Süßwarenläden oder Spielzeugläden zogen; Alle Kirchen, deren Regeln es ihnen erlaubten, ihre tiefe Freude auf einfache Weise zum Ausdruck zu bringen, hatten ihre kalten Steinmauern mit immergrünen Pflanzen und Kränzen aus leuchtenden Feuerbeeren bedeckt: Der Kinderengel hatte sie vielleicht auch berührt – nicht unklug.

Er kam an Scharen dünnbekleideter Frauen vorbei, die durch offene Türen mit roten Wangen und hungrigen Augen auf glühende Öfen und ein Plakat mit der Aufschrift „Weihnachtsessen für die Armen, gratis" blickten;

Aus jedem Fenster auf der Straße kam ein rötliches Licht und ein würziger Geruch; Der Abendhimmel selbst hatte den Widerschein der unzähligen Weihnachtsfeuer eingefangen und flammte bis zum Zenit auf, blutrot wie Zinnober.

Holmes bog in eine der Seitenstraßen ein: Er wollte zuerst Lois sehen. Ich weiß kaum warum: Möglicherweise hat der Engel des Kindes ihn auch berührt; oder sein Herz, voller sehnsüchtigem Mitleid mit der armen Krüppelin, die, wie er jetzt glaubte, ihr eigenes Leben für seines gegeben hatte, könnte um Nachsicht gebeten haben, wie Männer sich an ihre kindischen Gebete erinnern, bevor sie in die Schlacht zog. Schließlich kam er in der ruhigen Gasse, in der sie wohnte, zu ihrer kleinen braunen Holzhütte, zu der man über eine Holztreppe hinaufstieg: Oben befanden sich zwei schmale Fenster, die mit roten Vorhängen verhangen waren; er konnte ihre schwache Stimme in sich singen hören. Als er sich umdrehte, um die Stufen hinaufzugehen, erblickte er etwas, das im Dunkeln unter ihnen kauerte und sich vor ihm versteckte: Ob ein Mann oder ein Hund, konnte er nicht erkennen. Er berührte es.

„Was wollen Sie, Master ?“ sagte eine unterdrückte Stimme.
Er berührte es erneut mit seinem Stock. Der Mann stand aufrecht im Schatten: Es war das alte Yare.
„Haben Sie mit mir gesprochen , Herr ? “
Er sah, wie das Gesicht des Negers vor Angst grau wurde.
„Komm raus, Yare“, sagte er leise. „Irgendein Wort? Welches Wort ist Brandstiftung, nicht wahr?“
Der Mann rührte sich nicht. Holmes berührte ihn mit dem Stock.
„Komm raus“, sagte er.
Als er herauskam, sah er abgemagert aus, als wäre er von einer Hungersnot betroffen.
„Ich werde mich nicht aufregen “, sagte er und knirschte mit seinem zerlumpten Hut in seinen Händen, „das werde ich nicht.“
Er setzte den Hut auf seinen Kopf und blickte mit mürrischer Wildheit auf.
„ Du hast mich, und darüber bin ich froh. Ich bin müde und fürchte mich . Ich wurde zum Hängen geboren , sagen sie“, mit einem Lachen. „Aber ich werde mein Mädchen sehen. Ich habe darauf gewartet , dass du den Termin hast , und habe es nicht gewagt , sie zu sehen . Ich glaube , ich war am Weihnachtstag in Sicherheit , aber was soll Weihnachten schon? Yoh oder ich?“

Holmes' leise Bewegung trieb ihn die Stufen vor ihm hinauf. Oben angekommen blieb er stehen, seine feige Natur überwältigte ihn, und setzte sich jammernd auf die obere Stufe.

„Seien Sie barmherzig , Herr ! Ich wollte mein Mädchen sehen – das ist alles. Sie ist alles, was ich habe .“

Holmes ging an ihm vorbei und ging hinein. War Weihnachten für ihn nichts? Woher wusste dieser üble Kerl, dass sie allein und abseits von der Welt standen?

Es war ein niedriges, fröhliches kleines Zimmer, das er mit gesenktem Kopf betrat: ein Teekessel, der auf dem Holzfeuer summte und sang, das den groben Teppich und die grauen Wände erhellte, aber seine wärmste Hitze auf die niedrige Ebene ausstrahlte Sofa, auf dem Lois lag, nähte und vor sich hin sang. Sie war in einen Schal gehüllt, aber die Hände waren, wie er sah, bis auf Haut und Knochen abgenutzt; Der graue Schatten war schwerer auf ihrem Gesicht und die grüblerischen braunen Augen waren wie die eines müden Kindes. Sie versuchte aufzuspringen, als sie ihn sah, aber da sie dazu nicht in der Lage war, stützte sie sich auf einen Ellbogen und weinte halb, während sie lachte.

„Es ist das beste Weihnachtsgeschenk von allen! Ich kann es kaum glauben !“ – berührte demütig die starke Hand, die ihr ausgestreckt wurde.

Holmes hatte, wie ich Ihnen sagte, ein sanftes Gespür für Hunde, Kinder und Frauen. Deshalb hörte er, still neben ihr sitzend, lange Zeit mit unermüdlicher Geduld ihrer langen Geschichte zu; blickte auf den Haufen wertloser Kleinigkeiten, die sie zu Geschenken zusammengeflickt hatte, und wunderte sich insgeheim über den zarten Sinn für Farbe und Anmut, der in den Flanell- und Lederfetzen verriet; und nahm mit einem ernsten, erstaunten Blick sein eigenes Paket, aus dem ein Stück Wollfaden hervorschaute.

„Schau erst morgen früh nach “ , sagte sie ängstlich, während sie zitternd und erschöpft auf dem Rücken lag.

Der Atem der Mühle! Die Feuer der Not und des Verbrechens der Welt hatten ihr Werk an ihrem Leben beendet – also! Sie verstand schnell, was sein Gesicht bedeutete.

„Es ist nichts “, sagte sie eifrig. „Bis Neujahr werde ich stark sein; ich brauche nur ein oder zwei Tage Ruhe. Ich kann nicht aufgeben . “

Und um zu zeigen, wie stark sie war, stand sie auf und humpelte herum, um den Tee zu kochen. Er brachte es nicht übers Herz, sie aufzuhalten; sie wollte nicht sterben – warum sollte sie? Die Welt war ein großes, warmes, schönes Nest für den kleinen Krüppel – warum musste er ihr die Kälte draußen zeigen? Er sah sie endlich in die Nähe der Tür gehen, wo draußen der alte Yare saß, dann hörte er ihren atemlosen Schrei und ein Schluchzen.

Einen Moment später kam der alte Mann ins Zimmer, trug sie und legte sie auf das Sofa, wobei er ihre Hände aufscheuerte und ihren Kopf verunstaltete.

„Was fehlt ihr?" sagte er und sah verwirrt zu Holmes auf. „Wir haben sie unter uns getötet."

Sie lachte, obwohl die großen Augen verblassten, und zog sein rauhes graues Haar in ihre Hand.

„Das wird noch lange auf sich warten ", sagte sie schwach. „Ich habe jeden Tag Pelz gejagt , jeden Tag ."

Der alte Mann hatte ihr Haar zurückgestrichen und las mit wilder Angst das eingefallene Gesicht.

„Was fehlt ihr?" er weinte. „ Da ist etwas mit meinem Mädchen gelaufen . War es meine Schuld? Schau, war es meine Schuld?"

"Ruhig sein!" sagte Holmes streng.

"Ist es das?" er keuchte schrill. „Mein Gott! Das nicht! Ich kann es nicht ertragen!"

Lois beruhigte ihn und tätschelte kindisch sein Gesicht.

„ Sterbe ich jetzt?" fragte sie mit einem ängstlichen Blick auf Holmes.

Er sagte ihr fröhlich nein.

„Ich habe keine Ahnung, dass ich sterben werde . Ich weiß es nicht Dann sterbe ich . Macht dir nichts aus, Liebling! Du bleibst bei mir, Fell gut?

Der Angstanfall des Mannes um sie ließ nach, seine Bosheit und Feigheit überwogen.

„Er ist es", schrie er und blickte Holmes grimmig an. „Er hat mein Leben in seinen Händen. Er könnte es nehmen. Was will er für mich oder mein Mädchen tun? Ich werde nicht länger bei dir bleiben , oh nicht . Morgen wird er mich zum Schloss schicken– auf, und danach"——

„Du stehst mir am Herzen, Kind", sagte Holmes und beugte sich plötzlich dicht vor das blasse Gesicht des Mädchens.

"Morgen?" sie murmelte. „Mein Weihnachtstag?"

Er befeuchtete ihr Gesicht, während er zu dem Unglücklichen hinüberblickte, dessen Leben er in seinen Händen hielt. Es war die eiserne Regel von Holmes' Natur, gerecht zu sein; Doch heute Nacht eröffneten sich ihm dunkle Vorstellungen von einer tieferen Gerechtigkeit als dem Gesetz – Probleme, für deren Lösung er keine Zeit hatte: Die stärkste Festung kann leicht angegriffen werden – und der Tau des kommenden Morgens lag auf seinem Herzen.

„ So wie ich ihn gejagt habe!" flüsterte sie schwach. „Ich habe damals nicht geglaubt , dass es so weit kommen würde. So sehr ich ihn auch geliebt habe! Oh, Mr. Holmes, er hat nur eine winzige Chance im Leben – verzeihen Sie ihm das! Der, der morgen kommt, würde es sagen." vergib ihm das."

Mit Tränen in den Augen nahm sie den Kopf des alten Mannes in ihre Arme und hielt ihn fest.

„Ich hev „ Er hatte eine winzige Chance", sagte er und blickte auf, „das ist Gottes Wahrheit, siehe! Ich weiß es nicht Denken Sie daran: Es ist zu spät, zurück zu gehen . Aber Lo – Master ", murmelte er unterwürfig, „es ist nur noch eine Weile bis zum Ende: Lass mich bei Lo bleiben." Sie liebt mich – Lo liebt mich."

Ein Ausdruck des Abscheus machte sich über Holmes' Gesicht breit.

„Dann bleib", murmelte er, „ich wasche meine Hände von dir, du alter Schurke!"

Er beugte sich mit seinem seltenen, mitleiderregenden Lächeln über Lois.

„Habe ich sein Leben in meinen Händen? Ich habe es in deine gelegt, – also, Kind! Jetzt vertreibe dir alles aus dem Kopf und schau hierher, um mir Abschied zu wünschen."

Sie blickte fröhlich auf, war sich kaum bewusst, wie groß die Gefahr gewesen war; aber die Röte war aus ihrem Gesicht verschwunden und ließ es traurig und still zurück.

„Ich muss gehen, um Weihnachten zu feiern, Lois", sagte er spielerisch.

„ Ja, das tust du Behalten Sie es hier, Sir." Sie hielt seinen schwachen Griff noch immer an seiner Hand fest, mit dem vagen Ausdruck in ihren Augen, der manchmal da war.

„War es für mich , dass du es getan hast?"

"Ja für dich."

„Und für den, der kommt , Sir?" lächelnd.

Holmes' Gesicht wurde ernster.

„Nein, Lois." Sie sah ihm verwirrt in die Augen. „Für das arme Kind, das mich geliebt hat", sagte er halb zu sich selbst und strich ihr übers Haar.

Vielleicht wird dieser Mann an dem Tag, an dem die Unterströmungen des Seelenlebens offengelegt werden, die subtilen Instinkte erkennen , die ihn durch die Hand des Kindes, das ihn liebte, aus seiner Eigenständigkeit herauszogen und ihn in die Liebe jenseits, das war der Mensch, führten und starb sowohl für ihn als auch für sie. Er sah es jetzt nicht.

Das klare Abendlicht fiel auf Holmes, als er dort stand und auf den sterbenden kleinen Lamiter herabblickte : eine kraftvolle Gestalt mit einem erhabenen, herrschaftlichen, aber zärtlichen Gesicht: Sie werden keine höhere Art von Männlichkeit finden. Hat Gott ihn aus demselben Blut erschaffen wie den bösartigen, kriechenden Kerl, der auf der anderen Seite des Bettes kauerte, um sein schwarzes Gesicht zu verbergen? Ein solcher Gedanke kam Lois in den Sinn, ärgerte sie und trieb ihr Tränen in die Augen: Er war ihr Vater, wissen Sie. Sie legte ihre Hände zusammen, als ob sie sich ihnen anschließen wollte, hielt dann inne und schloss müde die Augen.

„Es ist alles falsch“, murmelte sie, „oh, es ist völlig falsch! Der Eine könnte sie dazu bringen, es zu mögen. Nicht ich.“

Sie streichelte einmal die Hand ihres Vaters und ließ sie dann los. Es herrschte langes Schweigen. Holmes blickte hinaus und sah, dass die Sonne untergegangen war.

„Lois“, sagte er, „ich möchte, dass du mir ein frohes Weihnachtsfest wünschst, so wie es die Leute tun.“

Holmes hatte einen merkwürdigen Aberglauben: Er kannte keine Lippen, die so rein waren wie die dieses Mädchens , und er wollte, dass sie ihm an diesem Abend viel Glück wünschten. Sie tat es, blickte lachend auf und wurde rot: Die Rätsel des Lebens beunruhigten ihre kindliche Fantasie nicht lange. Und so verließ er sie mit dem dumpfen Gefühl, wie ich bereits sagte, dass es gut sei, ein Gebet zu sprechen, bevor die Schlacht begann. Für Männer, die an Gebete glaubten: Für ihn war es dasselbe, Lois einen Tag glücklicher zu machen.

KAPITEL X.

Es war später, als Holmes gedacht hatte: ein grauer, kalter Abend. Die Straßen in diesem Vorort waren einsam: Er ging sie entlang, der Neuschnee dämpfte seinen Schritt. Es hatte auch die Spitzdächer der Häuser bedeckt, und sie standen in lauschenden Reihen, weiß und still. Hier und da kämpfte ein blasses Flackern der Gaslampen mit der ascheigen Dämmerung. Er traf niemanden: Am Heiligabend waren die Leute früh nach Hause gegangen. Er hatte kein Zuhause, wohin er gehen konnte: pah ! Es gab viele Hotels, erinnerte er sich und lächelte grimmig. Es war bitterkalt: Er knöpfte seinen Mantel fest zu, während er langsam weiterging, als warte er auf jemanden , und fragte sich dumpf , ob die graue Luft kälter oder stiller war als das kaum schlagende Herz unter dem Mantel. Nun ja, schon früher hatten die Menschen das Schicksal, das Leben und die Liebe besiegt. Es wurde dunkler: Er ging jetzt langsam im Schatten einer langen niedrigen Mauer auf und ab, die das Gelände eines Gebäudes umgab. Wenn er sich dem Tor näherte, blieb er stehen und lauschte: Er hätte einen Spatz auf dem Schnee hören können, so still war es dort. Nach einer Weile hörte er Schritte, die den Schnee heftig knirschten; Das Tor klickte, als sie herauskamen: Es waren Knowles und der Geistliche, den Dr. Cox nicht mochte; Vandyke war sein Name.

„Verriegeln Sie das Tor nicht", sagte Knowles; „Miss Howth wird bald draußen sein."

Sie setzten sich auf einen Holzhaufen in der Nähe und warteten offenbar. Holmes ging hinauf und gesellte sich zu ihnen, stand im Schatten des Holzes und redete mit Vandyke. Er traf ihn vielleicht kein einziges Mal in sechs Monaten; aber er glaubte fest an den Mann.

, dort drüben, im Haus der Zuflucht , einen Weihnachtsbaum zu bauen , wissen Sie. Er konnte eine Eiche nicht von einem Lebensbaum unterscheiden, glaube ich."

Knowles hatte keine Lust auf Fragen.

„Es gibt noch andere Dinge, die ich nicht weiß", sagte er düster und kam auf ein Thema zurück, das Holmes unterbrochen hatte. „Das Haus geht kopfüber zum Teufel, Charley."

„Es hat keinen Sinn, Nein zu sagen", sagte der andere; „Du wirst mich einen lügenden Wahrsager nennen."

Knowles hörte nicht zu.

„Sieht so aus, als würde ich wie ein verlassener Zyklop mit ausgestrecktem Auge durch die Welt tappen und stolpern und alles herunterziehen, was ich berühre. Wenn es etwas gibt, an dem ich mich festhalten kann, dann etwas Bestimmtes!"

Vandyke sah ihn ernst an, antwortete aber nicht; stand auf und ging träge auf und ab, um sich warm zu halten. Eine geschmeidige, langsame Figur, ein klares Gesicht mit zarten Lippen und sorglosen Augen, die alles sahen: das Gesicht eines Mannes, der schnell lernte und langsam lehrte.

„Da kommt sie!" sagte Knowles, als das Schloss des Tors krächzte.

Holmes hatte den langsamen Schritt im Schnee schon lange zuvor gehört. Eine kleine Frau kam heraus und ging die stille Straße hinunter auf die Straße dahinter. Holmes drehte ihr weiterhin den Rücken zu und zündete sich seine Zigarre an; die anderen Männer beobachteten sie gespannt.

„Was meinst du, Vandyke?" fragte Knowles. „Wie wird sie sich schlagen?"

„Wofür tun?" – er setzte seinen gemütlichen Spaziergang fort. „Sie reden, als wäre sie eine Maschine. Das ist bei modernen Reformern so. Männer sind so viele Pflüge und Eggen, die an ‚den Klassen' arbeiten." Wofür tun?"

Knowles errötete heiß.

„Die Arbeit, die der Herr ihr hinterlassen hat. Wollen Sie damit sagen, dass es nichts zu tun gibt – Sie, der Missionsarbeit verpflichtet ?"

Das Gesicht des jungen Mannes errötete .

„Ich weiß, dass diese Straße dringend gepflastert werden muss, Knowles; aber ich sehe keinen Felsbrocken in deinen Händen. Doch der große Baumeister verachtet die Pflastersteine nicht. Er hat dir nicht den Geist und das Verständnis für das Pflastern gegeben, äh, schon Das ist es? Woher weißt du, dass er dieser Margret Howth den Geist und das Verständnis einer Reformatorin gegeben hat? Möglicherweise gibt es für sie höhere Aufgaben."

"Höher!" Der alte Mann stand entsetzt da. „Ich kenne also Ihre Überzeugung, dass die wahre Arbeit für einen Mann oder eine Frau die ist, die ihre höchste Natur entwickelt?"

Vandyke lachte.

„Sie haben einen Glaubensbekenntniswahn, Knowles. Sie haben ein Glaubensbekenntnis für alle, außer für sich selbst. Ich wollte nur, dass Sie darauf achten, was Sie tun. Diese Frau sieht aus, als hätte der verlorene Sohn es getan, als er anfing in Not geraten und sich am liebsten von den Spelzen ernährt haben, die die Schweine gefressen haben.

Knowles stand launisch auf.

„Wessen Arbeit ist es dann?" murmelte er und folgte den Männern die Straße entlang; denn sie gingen weiter. „Die Welt hat sechstausend Jahre auf Hilfe gewartet. Sie kommt langsam, – langsam, Vandyke; sogar durch deine Religion."

Der junge Mann antwortete nicht: Er blickte mit ruhigen, verzückten Augen auf und blickte durch die stille Stadt und das klare Grau dahinter. Sie kamen an einer kleinen Kirche vorbei, die zum Abendgottesdienst erleuchtet war: Als wollten sie den Worten des alten Mannes einen Sinn geben, sangen sie die einzige Hymne der Welt, das Gloria in Excelsis. Als sie den tiefen Klang der Orgel hörten, blieben die Männer draußen stehen, um zuzuhören: Die Orgel schwankte und schluchzte durch die Nacht, als würde sie Gott das Unrecht zahlloser schmerzender Herzen ertragen, dann verstummte sie, und eine einzige Stimme fegte mit einem langen Atem über die Heide , beklagenswerter Schrei: „Du, der du die Sünden der Welt hinwegnimmst, erbarme dich unser! "

Die Männer standen still, bis die Stille durch ein leises Murmeln unterbrochen wurde : „Denn nur du bist heilig." Holmes hatte seinen Hut abgenommen, ohne sich dessen bewusst zu sein; Er zog es langsam an und ging weiter. Was hatte Knowles einmal zu ihm über gemeine und selbstsüchtige Einflüsse auf seiner göttlichen Seele gesagt? „Denn Du allein bist heilig." Wenn das wahr wäre!

„Wie ruhig es ist!" sagte er, als sie anhielten, um ihn zu verlassen. Es war – eine atemlose Stille; die großen Straßen der Stadt hinter ihnen waren in Schnee gehüllt; die Hügel, die Moore, die Prärie verschwanden in der himmellosen Dunkelheit, ein graues und bewegungsloses Meer, beleuchtet von einem tiefstehenden, wässrigen Mond. „Die ganze Erde hört zu", sagte er.

„Hört auf was?" sagte der buchstäblich alte Doktor.

„Ich denke, es hört immer zu", sagte Vandyke mit brennenden Augen. „Für seinen König – das wird sein. Nicht so, wie Er zuvor kam. Jetzt muss man nicht mehr lange warten: Das neue Jahr ist nicht mehr fern."

„Ich habe kein Vertrauen darin, deine Hände zu halten und darauf zu warten, und du auch nicht, Charley", knurrte Knowles. „Bis es so weit ist, muss ich wohl höllisch viel Arbeit erledigen. Hier, lass mich meine Zigarre anzünden."

Holmes wünschte ihnen lachend eine gute Nacht und fuhr auf die Nebenstraße durch die Hügel. Bevor er ging, schüttelte er Vandyke die Hand – etwas, was er kaum jemals bei jemandem tat. Knowles bemerkte es und murmelte, nachdem er außer Hörweite war, etwas Sarkasmus über „ein Prediger des Evangeliums, der mit so einem kalten, stillen Schurken verkehrt"! Vandyke hörte sich seine Schimpftiraden in seiner üblichen trägen Art an und sie gingen zurück in die Stadt.

Die Straße, die Holmes nahm, war voller Wagenräder und nicht leicht zu befahren; Er ging daher langsam, da er schwach war, und blieb ab und zu stehen, um Kraft zu sammeln. Er hatte die Stunden bis zu diesem Tag noch nicht gezählt und wurde jetzt von einem kleinen Blutverlust zurückgehalten. Der Mond war fast untergegangen, bevor er die Cloughton Hills erreichte: Dort bog er in einen schmalen Pfad ein, an den er sich noch gut erinnerte. Ab und zu sah er die Spur eines kleinen Schuhs im Schnee und blickte mit einem heißen Keuchen in seinen Adern und einem seltsamen Blitzen in seinen Augen darauf hinunter, während er stetig weiterging.

Oben auf dem Hügel gab es eine Wegbiegung, eine versunkene Mauer mit einem breiten Stein, von dem der Wind den Schnee geweht hatte. Das war der richtige Ort. Er setzte sich auf den Stein und ruhte sich aus. Gerade da hatte sie gestanden und ihre kleinen Finger auf den Rücken geklammert, als er auf ihn zukam und ihre Kapuze zurückwarf, um ihr ins Gesicht zu schauen: Wie blass und abgenutzt sie schon damals war! Er hatte sie heute Abend nicht angeschaut; das würde er auch nicht tun, wenn er im Sterben gelegen hätte, während diese Männer dort gestanden hätten. Er stand mit dieser kleinen Margret allein auf der Welt. Wie hatten diese Männer sie gemeckert und kritisiert und von den Pflichten ihrer Seele geplaudert! Nun, es war seins, es war sein eigenes, weicher und frischer. Es gab keinen Blick, mit dem sie dem schwachen kleinen Körper in seinem ärmlichen Kleid folgten, den er nicht gesehen hatte und den er nicht heftig verärgert hatte. Sie haben ihre Stärke gemessen? Haben Sie gezählt, wie lange die Knochen und das Blut in ihrem Zufluchtshaus überleben würden? Es gab keinen Bissen ihres Fleisches, der in seinen Augen nicht rein und heilig war. Seine Margret? Er litt unter einem unerträglichen Fieber, um sie für einen Moment zu seinem zu machen, so wie sie es einmal gewesen war. Jetzt, wo es zu spät war. Denn er ging jedes Wort, das er in dieser Nacht gesprochen hatte, noch einmal durch und zwang sich, es durchzuziehen – jedes kalte, vergiftete Wort. Es war eine angemessene Buße. „So etwas wie Liebe gibt es im wirklichen Leben nicht", das hatte er ihr gesagt! Wie er dagestanden hatte, mit der ganzen Kraft seiner „göttlichen Seele" in seinem Testament, und ihr – er – einem Mann – gesagt hatte, dass er ihm damals ihre Liebe für immer entzogen hätte! Er hat sich mit nichts gespart, hat sich mit nichts verschwendet; verschmähte sich sozusagen für die Gemeinheit, in der er sich in dieser Nacht suhlte. Wie standhaft war er gewesen! wie nett! Wie meisterhaft! – er stützte sich auf die Stärke seines Mannes, während er sie in seiner Macht hielt, wie man ein Insekt halten könnte, mit der schrumpfenden Natur ihrer Frau spielte und sie kalt und leise mit Füßen trat! Sie war ihm im Weg und er hatte sie beiseite gelegt. Wie hatte sich der feine , subtile Geist aus seiner Qual der Schande erhoben und ihn verachtet! Wie es aus dem kümmerlichen Körper geblitzt war, der dort auf der schlammigen Straße stand, ihn verachtete und verspottete und in aller Ruhe über ihn urteilte! Er könnte von ihr weggehen, wie er wollte, sie wegwerfen wie ein abgenutztes Spielzeug, aber er konnte sie nicht blenden: Er sollte der Welt das Gesicht zeigen, das er wollte, ob sie ihn nun einen Herrn unter den Menschen oder einen Geizhals nannten oder, wie Knowles es heute Abend tat, nachdem er sich abgewandt hatte, ein Schurke, legte dieses Mädchen ihre kleine Hand auf seine Seele mit einem völligen Erkennen: Sie allein. „Sie wusste, dass er ein besserer Mann war, als er sich selbst in dieser Nacht kannte", erinnerte er sich an die Worte.

Die Nacht wurde trübe und beißend kalt: Es gab keine Aussicht auf den schneebedeckten Hügeln oder der holprigen Straße zu seinen Füßen mit ihren Eiswasserpfützen, die ihm Zufriedenheit ins Gesicht oder das taufrische Licht in seine Augen bringen könnten; aber sie kamen langsam dorthin, während er nachdachte. Ein alter Gedanke schlich sich vielleicht in sein Gehirn, frisch und warm, wie eine sanfte Frühlingsluft, – eine Hoffnung auf die Zukunft, in der diese Kinderfrau ihm immer näher kam. Es war ein müßiger Traum, der ihn nur verspottete, wenn er vorbei war, aber er öffnete seine Arme dafür: Es war ein alter Freund; es hatte ihn einst zu einem reineren und besseren Mann gemacht, als er jemals wieder sein konnte. Ein warmer, glücklicher Traum, was auch immer er gewesen sein mag: Das raue, unheimliche Gesicht wurde ruhig und traurig, wie sich die Gesichter der Toten verändern, wenn liebevolle Tränen auf sie fallen.

Er seufzte müde: Die heimliche kleine Hoffnung entfachte sich in den stagnierenden Tiefen des Lebens und der Sehnsüchte und Absichten und weckte seinen entschlossenen Ehrgeiz. Zu spät? War es zu spät? Lebend oder tot gehörte sie ihm, auch wenn er ihr Gesicht niemals sehen sollte, durch eine subtile Macht, die sie eins gemacht hatte, wusste er weder wann noch wie. Er überlegte jetzt nicht mehr – er überließ sich, wie es krankhafte Männer nur tun, dieser wahnsinnigen Hoffnung auf ein Zuhause, auf heitere Wärme und die frische und ewige Liebe dieser Frau: zunächst ein angenehmer Traum, den man nach Lust und Laune aufgeben konnte. Aber es wurde kühner, berührte die Tiefen seines sehnsüchtigen und leidenschaftlichen Wesens; Alles, was er an Macht oder Willen, an sehnsüchtiger Anstrengung, an Erfolg in der Welt wusste oder fühlte, floss in diesen Traum und wurde eins mit ihm. Er stand auf, sein kräftiger Körper begann in einer edleren Männlichkeit, mit dem Bewusstsein des Rechts, – mit der bewussten Gewissheit, dass dem ersten errungenen Sieg die anderen folgen würden.

Es war spät; er muss weitermachen; er hatte nicht vorgehabt, müßig am Straßenrand zu sitzen. Er ging durch die Felder, sein schwerer Schritt zerdrückte den Schnee, eine trockene Hitze im Blut, sein Blick war unbeweglich, bis er in Sichtweite des Bauernhauses kam; dann ging er kühl und ernst in seinem gewohnten Hafen weiter.

Das Haus war ziemlich dunkel; nur ein Licht in einem der unteren Fenster – die Bibliothek, dachte er. Das weite Feld, das er überquerte, fiel zum Haus hin ab, so dass er, als er näher kam, das kleine Zimmer ganz deutlich im roten Schein des Feuers darin sah, die Vorhänge waren offen. Er hatte ein scharfes Auge; Es entging ihm nicht, die Spuren der Armut an diesem Ort zu erkennen, die torlosen Zäune, sogar das kahle Zimmer mit seinem abgenutzten und geflickten Teppich: Er nahm das alles mit einem triumphalen Glanz der Befriedigung zur Kenntnis. Da war ein schwarzer Schatten, der immer wieder an den Fenstern vorbeizog: Er wartete einen Moment und betrachtete ihn, dann kam er langsamer auf sie zu, während in seinem Gesicht noch stärkere Hitze schwelte . Er würde sie nicht überraschen; Sie sollte für das Treffen genauso bereit sein wie er. Wenn sie jemals wieder ihre reine Hand in seine legte, sollte dies freiwillig und aus eigenem guten Willen geschehen.

Sie sah ihn, als er auf die Veranda kam, blieb stehen und blickte wie verwirrt hinaus – dann setzte sie mechanisch ihren Spaziergang fort. Was es sie kostete, ihn wiederzusehen, konnte er nicht sagen: Ihr Gesicht veränderte sich nicht. Es war leblos und geschult, die Augen blickten immer geradeaus, gleichgültig. War das seine Arbeit? Wenn er sie direkt getötet hätte, wäre es besser gewesen.

Die Fenster waren niedrig: Es war seine alte Gewohnheit gewesen, durch sie hineinzugehen, und jetzt ging er unbewusst auf eines zu. Als er es öffnete, sah er, wie sie sich für einen Moment abwandte; Dann wartete sie völlig ruhig auf ihn, das klare Feuer verbreitete einen stillen Schein über dem Raum, kein Schrei oder Schauder des Schmerzes, der zeigte, wie sein Kommen die alte Wunde aufriss. Sie lächelte sogar, als er sich mit einem nachlässigen Willkommensgruß gegen das Fenster lehnte.

Holmes blieb verwirrt stehen. Es passte ihm nicht – das. Wenn Sie die Natur eines Mannes kennen, verstehen Sie, warum. Der bitterste Vorwurf oder eine stolze Verachtung wäre weniger ärgerlich gewesen als diese sanfte Gleichgültigkeit. Er glaubte, dass er der Frau seinen Halt entzogen hatte. Einen Moment zuvor hatte er sich daran erinnert, wie er sie in seinen Armen gehalten, ihre kalten Lippen berührt und sie dann weggeschleudert hatte – er hatte sich daran erinnert, jeder Nerv schrumpfte vor Reue und unaussprechlicher Zärtlichkeit: Jetzt – –! Die völlige Stille ihres Gesichts sagte mehr, als Worte es sagen könnten. Sie liebte ihn nicht; er bedeutete ihr nichts. Dann war Liebe eine Lüge. Einen Augenblick zuvor hätte er sich in ihren Augen ebenso tief erniedrigen können, wie er in seinen eigenen lag, und ihre Vergebung als eine Notwendigkeit ihrer ausdauernden, treuen

Natur akzeptieren können: Jetzt geriet die ganze Kraft des Mannes in Wut und wahnsinniges Verlangen Eroberung.

Er ging ernst durch den Raum und streckte mit seiner alten ruhigen Beherrschung die Hand aus. Sie mochte so kalt und ernst sein wie er, aber er wusste, dass sich unter ihr ein ausgebremster, hungriger Geist verbarg – ein starker, feiner Geist wie die anmutige Ariel. Er würde es zum Leben erwecken und zähmen: Es gehörte ihm.

„Ich dachte, du würdest kommen, Stephen", sagte sie schlicht und bedeutete ihm, sich auf einen Stuhl zu setzen.

Könnte dieser Automat Margret sein? Er lehnte sich an den Kaminsims und blickte mit einem zynischen Grinsen nach unten.

„Ist das der Willkommensgruß? Es gibt tausend Grüße für diese Zeit der Liebe und der guten Worte, die Sie vielleicht gewählt hätten. Außerdem bin ich krank und arm zurückgekehrt – vielleicht ein Bettler. Wie empfangen Frauen solche – großzügige Frauen ? ? Gibt es keine Etikette? Kein Händeschütteln? Mehr nicht? Ich erinnere mich daran, dass ich Ihnen gegenüber einmal – nicht gleichgültig war."

Er lachte. Sie stand still und ernst wie zuvor.

„Na, Margret, ich bin seit dieser Nacht dem Tode nahe."

Er dachte, ihre Lippen würden grau, aber sie blickte klar und fest auf.

„Ich bin froh, dass du nicht gestorben bist. Ja, das kann ich sagen. Was das Händeschütteln angeht, sind meine Ideen vielleicht so eigenartig wie deine."

„Sie misst ihre Worte", sagte er zu sich selbst; „Ihr ganzes Augenlicht wird von Anstand beherrscht; sie ist eine Maschine für die Arbeit. Sie hat das Herz ihres Kindes von Wut und Rache befreit, sogar von Verachtung für den Unglücklichen, der sich für Geld verkauft hat. Es gab nichts anderes, was man ausmerzen konnte, gab es?" – bitter – „keine Freundschaften, wie sie schwache Frauen pflegen und verhätscheln – oder Liebe, in der sie leben und für die sie manchmal auf alberne Weise sterben?"

"Unmännlich!"

„Nein, nicht unmännlich. Margret, lass uns ernst und ruhig sein. Es ist keine Zeit für Kleinigkeiten oder das Tragen von Masken. Das ist zwischen uns passiert, das keinen Raum für vorgetäuschte Höflichkeiten lässt."

„Es braucht nichts" – er blickte ihm unbeirrt in die Augen. „Ich bin bereit, Sie kennenzulernen und Ihren Abschied zu hören. Dr. Knowles hat mir gesagt, dass Ihre Hochzeit kurz bevorsteht. Ich wusste, dass Sie kommen würden, Stephen. Das haben Sie schon früher getan.“

Er zuckte zusammen, umso mehr, als ihre Stimme so schmerzfrei war.

„Warum sollte ich kommen? Um dir zu zeigen, was für ein Herz ich für Geld verkauft habe? Warum, denkst du, du weißt es, kleine Margret. An deinen kühlen Fingern kannst du seine Missbildung, seine Wertlosigkeit ablesen. Man könnte es dem Gelassenen sagen und gnädige Dame, die sich darüber lustig macht, was für einen Handel sie gemacht hat – dass darin nicht ein Funke männlicher Ehre oder wahrer Liebe steckt. Wagen Sie sich in Ihrer Kälte und Klugheit nicht zu nahe daran. Ich werde Tigerleidenschaften haben nicht zu verantworten. Gib mir deine Hand und spüre, wie sie hechelt wie ein hungriger Unhold. Sie wird Nahrung haben, Margret.“

Sie zog die Hand zurück, die er ergriff, und trat zurück in den Schatten.

„Was geht mich das an?“ – mit derselben gemessenen Stimme.

Holmes wischte sich die kalten Tropfen von der Stirn, eine Art Schauder überkam seinen kräftigen Körper. Er stand einen Moment da und blickte ins Feuer, den Kopf auf den Arm gesenkt.

„Lass es so sein“, sagte er schließlich leise. „Das abgenutzte alte Herz kann noch ein bisschen länger an sich selbst nagen. Ich habe keine Lust, vor Schmerz zu jammern.“

Etwas, das sie in dem dunklen, sardonischen Gesicht sah, als die roten Schimmer es erhellten, ließ sie zusammenzucken, als wollte sie zu ihm gehen; dann beherrschte sie sich und blieb schweigend stehen. Er hatte die Bewegung nicht gesehen – oder, falls er sie sah, nicht darauf geachtet. Es war ihm jetzt egal, sie zu zähmen. Der Feuerschein flackerte und verdunkelte sich, das knisternde Holz durchbrach die Totenstille im Raum.

„Es spielt keine Rolle“, sagte er, hob den Kopf und legte unbewusst den Arm auf seine starke Brust, als wollte er jede Beschwerde unterdrücken. „Ich hatte die leise Vorstellung, dass es in dieser Weihnachtsnacht gut wäre, Ihnen die hier verborgenen Geheimnisse zu enthüllen – Ihren reinen Augen zu gestatten, die schmerzlichsten Tiefen zu erforschen: Ich dachte, sie würden vielleicht eine segensreiche Kraft haben. Es war eine …“ müßige Einbildung. Was ist mein Wunsch oder mein Verbrechen für Sie?“

Die Antwort kam langsam, aber sie kam.

„Nichts für mich.“

Sie versuchte, dem hageren Gesicht zu begegnen, das mit seiner stolzen Traurigkeit auf sie herabblickte – und begegnete ihm schließlich mit ihren sanftmütigen Augen.

„Nein, nichts für dich. Es ist nicht nötig, dass ich länger bleibe, oder? Du hast dich auf ein Treffen mit mir vorbereitet und hast deine Aufgabe gut gemeistert."

„Es ist kein Teil. Ich sage dir Gottes Wahrheit, so gut ich kann."

„Ich weiß. Dann gibt es für uns auf dieser Welt nichts mehr, was wir einander sagen können, außer gute Nacht. Worte – höfliche Worte – sind manchmal bitterer als der Tod. Wenn wir uns jemals zufällig treffen, wird dieses höfliche Lächeln auf Ihrem Gesicht sein Ihr Gesicht wird ausreichen, um zu sprechen – Gottes Wahrheit für Sie. Sollen wir jetzt gute Nacht sagen?"

"Wenn du möchtest."

Sie zog sich weiter in den Schatten zurück und stützte sich auf einen Stuhl.

Er blieb stehen, als ihm plötzlich ein Gedanke kam.

„Ich habe eine Laune", sagte er verträumt, „die ich gerne befriedigen würde. Es wäre eine Kleinigkeit für Sie: Wollen Sie es gewähren? – um eines alten, glücklichen Tages vor langer Zeit willen?"

Sie legte ihre Hand an ihre Kehle; dann fiel es wieder.

„Alles, was du wünschst, Stephen", sagte sie ernst.

„Ja. Dann komm näher und lass mich sehen, was ich verloren habe. Ein Herz, das so kalt und stark ist wie deines, braucht keine Angst vor der Inspektion zu haben. Ich habe Lust, es ein letztes Mal zu betrachten."

Sie stand regungslos und schweigend da.

„Komm", leise, „gibt es in deinem Herzen keinen Schmerz, der sich fürchtet, entdeckt zu werden?"

Sie trat ins volle Licht und stellte sich vor ihn, strich sich die Haare aus der Stirn, damit er jede Falte und die verblassten, leblosen Augen sehen konnte. Es war eine echte Frauenbewegung, die sich schon damals daran erinnerte, Täuschung zu verachten. Das Licht leuchtete hell in ihrem Gesicht, während die langsamen Minuten lautlos vergingen: Sie sah sein Gesicht nur im Schatten, mit dem unregelmäßigen Schimmer einer unerträglichen Bedeutung in seinen Augen. Ihr eigenes zitterte und fiel.

„Tut es dir weh, dass ich dich überhaupt ansehe?" sagte er und zog sich zurück. „Selbst die heiligen Toten lassen es zu, dass wir uns ihnen nähern, nachdem sie für uns gestorben sind – um ihre Hände zu berühren, ihre Lippen zu küssen, um herauszufinden, welchen Ausdruck sie für uns in ihren

Gesichtern hinterlassen haben. Seien Sie geduldig, um der Sache willen die alte Zeit. Meine Laune ist noch nicht befriedigt.

"Ich bin geduldig."

„ Erzähl mir etwas von dir, das ich zum letzten Mal mitnehmen soll, wenn ich gehe. Soll ich dich in diesen Tagen als glücklich betrachten?"

„Ich bin zufrieden" – die Worte strömten in der Bitterkeit der Wahrheit aus ihren weißen Lippen. „Ich habe Gott an diesem Abend gebetet, mir meine Arbeit zu zeigen, und ich denke, er hat sie mir gezeigt. Ich beschwere mich nicht. Es ist eine großartige Arbeit."

"Ist das alles?" forderte er heftig.

„Nein, nicht alle. Es freut mich, das Gefühl zu haben, ein warmes Zuhause zu haben und dabei zu helfen, dass es fröhlich bleibt. Wenn mein Vater mich nachts küsst oder meine Mutter sagt: ‚Gott segne dich, Kind', weiß ich, dass das genug ist." , dass ich glücklich sein sollte.

Die alte Uhr in der Ecke summte und tickte durch die tiefe Stille, wie die bescheidene Stimme des Hauses, das sie mit aller Mühe warm zu halten versuchte, der ihr dankte und sie tröstete.

„Noch einmal", während das Licht auf ihrem Gesicht stärker wurde, „wirst du in dein Herz blicken, das du dieser großartigen Arbeit gewidmet hast, und mir sagen, was du dort siehst? Traust du dich, es zu tun, Margret?"

„Ich wage es" – aber ihr Flüstern war heiser.

"Mach weiter."

Er beobachtete sie mehr wie ein Richter einen Verbrecher, während sie vor ihm saß: Sie kämpfte schwach unter der Macht seines Blicks, ohne ihm zu begegnen. Er wartete unermüdlich und sah, wie ihr Gesicht langsam weiß wurde, ihre Glieder zitterten und ihre Brust sich hob.

„Lassen Sie mich für Sie sprechen", sagte er schließlich. „Ich weiß, wer einst dein Herz unter Ausschluss aller anderen erfüllt hat: Es ist keine Zeit für gespielte Scham. Ich weiß, dass es meine Hand war, die das Geheimnis deines Wesens bewahrte. Was auch immer ich gewesen sein mag, du hast mich geliebt, Margret. Wirst du das jetzt sagen?"

„Ich habe dich einmal geliebt."

Ob es nun die Wahrheit war , die sie nervös machte, oder Selbsttäuschung, sie hatte jetzt die Kraft, alles auszusprechen.

„Du liebst mich also nicht mehr?"

„Ich liebe dich nicht mehr."

Sie sah ihn nicht an; Sie nahm nur das heiße Feuer in ihren Augen und das irritierende Klicken der Uhr wahr. Nach einer Weile beugte er sich schweigend über sie – eine männliche, zärtliche Präsenz.

„Wenn die Liebe einmal geht", sagte er, „kehrt sie nie wieder zurück. Hast du gesagt, dass sie weg ist, Margret?"

Noch eine Anstrengung, und Duty wäre zufrieden.

"Es ist weg."

In der langsamen Dunkelheit, die über sie hereinbrach, bedeckte sie ihr Gesicht und wusste und hörte nichts. Als sie aufsah, stand Holmes am Fenster und blickte auf die grauen Felder. Es dauerte lange, bis er sich umdrehte und zu ihr kam.

„Du hast ehrlich gesprochen: Es ist eine alte Mode von dir. Du hast geglaubt, was du gesagt hast. Lass mich dir für einen Moment auch sagen, was du Gottes Wahrheit nennst, Margret. Es wird dir nicht schaden." – Er sprach ernst: feierlich. – „Als du mich vor langer Zeit geliebt hast, hast du, selbstsüchtig und irrend wie ich war, das Gesetz deiner Natur erfüllt; wenn du diese Liebe aus deinem Herzen verbannst, machst du deine Pflicht zu einer billigen Täuschung und dein Leben zu einer Lüge." Hör mir zu. Ich bin ruhig."

Es war die Ruhe, die sie erzittern ließ wie nie zuvor, und ein seltsamer Verdacht über die Wahrheit schoß in ihr auf. Dass sie, indem sie sich in ihren Stolz, ihre bewusste Rechtschaffenheit hüllte und ihre neu entdeckte Philanthropie fest umarmte, in die Tiefe geiziger Selbstsucht gesunken war, von der dieser Mann nichts wusste. Edler als sie; halb wütend, als sie das spürte, saß zu seinen Füßen und blickte auf. Er wusste es auch; die ernste richtende Stimme sagte es; er hatte seinen rechtmäßigen Platz eingenommen. So, wie nur ein Mann sein kann, in seinem Urteil über sich selbst und sie: Ihre Liebe, auf die sie stolz gewesen war, schien schwach und treibend, in Kontakt mit dieser kühlen Integrität der Bedeutung. Ich glaube, sie war froh, vor ihm demütig zu sein. Frauen haben manchmal seltsame Fantasien.

„Du hast dich selbst getäuscht", sagte er, „wenn du versuchst, dein Herz mit dieser Arbeit zu füllen, dienst du weder deinem Gott noch deinem Mitmenschen. Du sagst mir", indem du dich zu ihr herabbeugst, „dass ich nichts für dich bin." : Du glaubst es, armes Kind! Es gibt keine Linie in deinem Gesicht, die es nicht als falsch beweist. Ich habe scharfe Augen, Margret!" – Er lachte. – „Du hast diese Liebe aus deinem Herzen gerissen? Wenn es so wäre Einfach zu machen, musste es damit jeden Funken Freude und Anmut aus deinem Leben herauspressen! Deine Haare sind aus deinem Blickfeld gerafft: Du hattest Angst, dich daran zu erinnern, wie meine Hand sie berührt hatte? Dein Kleid ist geizig und hart; Dein Schritt, deine Augen, dein Mund unter der Herrschaft. So schwer war es, sich in eine alte, abgenutzte Frau zu zwingen! Oh, Margret! Margret!"

Sie stöhnte leise.

„Mir fallen Kleinigkeiten auf, Kind! Dort in der Ecke stand immer der Schreibtisch, an dem ich dir beim Latein geholfen habe. Wie sehr du es gehasst hast! Erinnerst du dich?"

"Ich erinnere mich."

„Es stand immer da: Es ist jetzt weg. Vor dem Tor stand die Ulme, die ich gepflanzt habe, und du hast versprochen, sie zu gießen, während ich weg war. Sie ist jetzt von den Wurzeln abgeholzt."

„Ich habe es machen lassen, Stephen."

„Ich weiß. Weißt du warum? Weil du mich liebst: Weil du es nicht wagst, an mich zu denken, du wagst es nicht, den Baum anzusehen, den ich gepflanzt habe."

Sie zuckte mit einem Schrei zusammen und stand auf die alte Art da, ihre Finger aneinander hängend.

„Es ist grausam, – lass mich gehen!"

„Es ist nicht grausam." – Er trat näher an sie heran . – „Du denkst, du liebst mich nicht, und siehst, was ich aus dir gemacht habe! Schau dir die Erstarrung dieses Gesichts an – die toten, gefrorenen Augen! Das ist es ein „Alptraum-Tod im Leben". Mein Gott, wenn ich daran denke, dass ich das getan habe! Wenn ich an die unzähligen Tage der Qual, die Nächte, die Jahre der Einsamkeit denke, die sie dazu gebracht haben , – kleine Margret!"

Er ging langsam auf und ab. Sie setzte sich auf einen niedrigen Hocker und stützte ihren Kopf auf ihre Hände. Die kleine Gestalt, der gesenkte Kopf, das zitternde Kinn ließen ihn an ihre Kindheit denken. So saß sie immer da, als er sie gequält hatte, und wartete darauf, wieder zur Liebe überredet zu werden und wieder zu lächeln. Die Augen des harten Mannes füllten sich mit Tränen, als er daran dachte. Er sah die tiefen, tränenlosen Schluchzer, die ihre Brust erschütterten: Er hatte sie zu Tode verwundet, – seine hübsche Margret! Sie war jetzt wie ein totes Ding: Was hatte es nötig, sie länger zu quälen? Möge er männlich sein und in sein einsames Leben hinausgehen und die Erinnerung an das, was er mit ihm getan hat, als Gesellschaft nehmen. Er stand unsicher auf und kam dann zu ihr: War das der Weg, sie zu verlassen?

„Ich gehe, Margret", flüsterte er, „aber lass mich dir eine Geschichte erzählen, bevor ich gehe, zum Beispiel eine Weihnachtsgeschichte. Es wird dich nicht berühren – es ist zu spät, darauf zu hoffen – aber es ist so richtig, dass du es hörst.

Sie blickte müde auf.

„Wie du willst, Stephen."

Welcher Impuls auch immer den Mann dazu trieb, Worte auszusprechen, von denen er wusste, dass sie nutzlos waren, er ließ ihn von ihr zurücktreten, als wäre sie etwas, das er nicht berühren durfte: Die Worte entzogen sich ihm langsam.

„Ich hatte heute Nacht einen seltsamen Traum, Margret – einen Wachtraum: nur eine klare Vision von dem, was einmal gewesen war. Erinnerst du dich – an die alte Zeit?"

Was für ein unzusammenhängendes Geschwafel war das? Doch das Mädchen verstand es und blickte mit traurigen, lauschenden Augen in das niedrige Feuer.

„Vor langer Zeit. Das war ein freies, starkes Leben, das sich vor uns eröffnete, Kleines , vor dir und mir? Erinnerst du dich an Weihnachten, bevor ich wegging? Ich hatte einen starken Arm und ein hungriges Gehirn, das ich hinausgehen wollte." Ich hatte also auch etwas Besseres. Ein reineres Selbst als das, was mit mir geboren wurde, kam spät im Leben und schmiegte sich in mein Herz. Margret, es gab keinen neuen liebevollen Gedanken in meinem Gehirn für Gott oder Menschen, der das nicht tat Wachse aus meiner Liebe zu dir; es gab nichts Edles oder Freundliches in meiner Natur, das nicht in diese Liebe floss und sich dort vertiefte. Ich war auch dein Meister. Ich hielt meine eigene Seele durch kein göttlicheres Recht, als ich deine Liebe hielt und Ich schulde dir meins. Ich verstehe es jetzt, wenn es zu spät ist." – Er wischte sich die kalten Tropfen aus dem Gesicht. – „ Weißt du jetzt, ob es Reue ist, die ich empfinde, wenn ich darüber nachdenke, wie ich dieses reinere Ich abgelegt habe? ‚-wie ich in meinem unmenschlichen, gierigen Gehirn siegreich davonging,-wie ich beschloss, alle schwache Liebe oder heimliche Freuden zu kennen, zu sein, mit Füßen zu treten? Ich wurde bestraft. Lass diese Jahre vergehen. Ich glaube, manchmal kam ich der Natur der Verdammten nahe, die es nicht wagen zu lieben: Ich würde es nicht tun. Da habe ich dich verletzt, Margret, – bis zum Tod: dein wahres Leben lag in mir, wie meins in dir."

Er hatte traurig weitergemacht, als ob er ein Gespräch mit sich selbst führen würde, als ob große, bedeutungsvolle Jahre an die Oberfläche strömten und die gebrochenen Worte füllten. Vielleicht war es bei dem Mädchen so, denn ihr Gesicht verfinsterte sich, während sie zuhörte. Zum ersten Mal seit vielen langen Tagen stiegen ihr Tränen in die Augen und rollten unbeachtet zwischen ihren Fingern.

„Heute Abend kam ich durch die Straßen, ratlos im Leben – ein gemeiner Mann, der edel hätte sein können – all die verschwendeten Jahre, die zuvor vergangen waren – enttäuscht – mit nichts, auf das ich hoffen konnte, außer Zeit, demütig zu arbeiten und für die ich büßen konnte das Unrecht, das ich getan hatte. Als ich dort unten lag, meine Seele an der Küste der Ewigkeit, beschloss ich, für jede selbstsüchtige Tat zu büßen. Ich dachte nicht an Glück; Gott weiß, ich hatte keine Hoffnung darauf. Ich hatte dir am meisten Unrecht getan: Ich könnte nicht sterben, wenn dieses Unrecht unverzeihlich wäre.

„Unverzeihlich, Stephen?“ sie schluchzte; „Ich habe es schon vor langer Zeit vergeben.“

Er sah sie einen Moment lang an, unterdrückte dann mit einiger Anstrengung das Wort, das er hätte sagen wollen, und fuhr mit seinem bitteren Geständnis fort.

„Ich kam durch die überfüllte Stadt, ein obdachloser, einsamer Mann, am Weihnachtsabend, an dem die Liebe zu jedem Menschen kommt. Wenn es mir jemals schlecht geworden wäre, ein Wort oder eine Berührung von der einen Seele zu hören, für die allein meine Seele offen war, danach dürstete ich Es damals. Der größte Teil meiner Natur wurde vernichtet und mit dir weggeworfen, Margret. Ich habe danach geweint – ich wollte Hilfe, um ein besserer, reinerer Mann zu werden. Ich brauche sie jetzt. Und so“, sagte er. Mit einem Lächeln, das sie mehr schmerzte als Tränen, „kam ich zu meinem guten Engel, um ihr zu sagen, dass ich gesündigt und Buße getan hatte, dass ich bescheidene Pläne für die Zukunft gemacht hatte, und fragte sie – Gott weiß, was ich sie gefragt hätte.“ dann! Sie hatte mich vergessen , – sie hatte eine andere Arbeit zu erledigen!“

Sie rang hilflos die Hände. Holmes trat ans Fenster: Die trübe Schneewüste kam ihm so hoffnungslos und vage vor wie sein eigenes Leben.

„Ich habe es verdient“, murmelte er vor sich hin. „Für eine Änderung ist es zu spät.“

Eine leichte Berührung erregte seinen Arm.

„Ist es zu spät, Stephen?“ flüsterte eine kindliche Stimme.

Der starke Mann zitterte, als er die kleine dunkle Gestalt ansah, die neben ihm stand.

„Wir haben uns beide geirrt: Ich war unaufrichtig und egoistisch. Mehr als du. Stephen, hilf mir, ein besseres Mädchen zu sein. Lass uns wieder Freunde sein.“

Sie kehrte unbewusst zu den alten Worten ihrer Streitereien vor langer Zeit zurück. Er zog sich zurück.

„Mach dich nicht über mich lustig", keuchte er. „Ich leide, Margret. Verspotte mich nicht mit noch mehr Höflichkeit."

„Das tue ich nicht; lasst uns wieder Freunde sein."

Sie weinte wie ein reuiges Kind; ihr Gesicht war abgewandt; Liebe, rein und tief, war in ihren Augen.

Der rote Feuerschein wurde stärker; Die Uhr verstummte ihr lautes Ticken, um die Geschichte zu hören. Holmes' blasse Lippe bewegte sich: Was kam ihm dabei in den Sinn? Seine Brust hob und senkte sich, eine trockene Hitze keuchte in seinen Adern, in seinen tiefen Augen blitzte Feuer.

„Wenn meine kleine Freundin zu mir kommt", sagte er mit erstickter Stimme, „gibt es nur einen Platz für sie – ihre Seele bei meiner Seele, ihr Herz auf meinem Herzen." – Er öffnete seine Arme. – „Sie muss hier ihren Kopf ruhen lassen. Meine kleine Freundin muss – meine Frau sein."

Sie schaute in das starke, hagere Gesicht, und ein Lächeln breitete sich aus, bogenförmig und elegant wie in alten Zeiten.

„Ich bin müde, Stephen", flüsterte sie und legte ihren Kopf sanft auf seine Brust.

Das rote Feuerlicht blitzte in purpurner Pracht durch den Raum, um die beiden regungslos dastehenden Gestalten herum – schimmerte in ehrfurchtsvollen Schatten hinab: Wer beachtete es? Die alte Uhr tickte wütend, als freue sie sich darüber, dass die anstrengenden Tage für das Haustier und den Liebling des Hauses vorbei waren: Nichts anderes unterbrach die Stille. Draußen blieb die tiefe Nacht stehen, grau, undurchdringlich. Hatte es gehofft, dass ferne Engelsstimmen seine atemlose Stille brechen würden, wie einst auf den Feldern von Judäa, um den Weihnachtsmorgen einzuläuten? Eine Stille in der Luft, auf der Erde und im Himmel, der wartenden Hoffnung, der versprochenen Freude. Dort unten im Bauernfenster hatten zwei Menschenherzen der Freude einen Namen gegeben; die Hoffnung entstand; Die Herzen, die sich berührten, schlugen in einem langsamen, vollen Akkord der Liebe, der in Gottes Augen so rein war wie das Lied, das die Engel sangen, und so sicher eine Verheißung des kommenden Christus. Für immer – nicht einmal der Tod würde sie trennen; Er wusste das, als er sie fester hielt und ihr ins Gesicht blickte.

Was war das für ein blasses kleines Gesicht! Durch die größte Hitze seiner Leidenschaft berührte ihn der Stachel. Aus irgendeinem Instinkt blickte sie mit scharfer Einsicht zu ihm auf und sah die krankhafte Düsterkeit, die die Sünde des Mannes verkörperte, in seinem Gesicht. Sie hob ihren Kopf von seiner Brust, und als er sich vorbeugte, um ihre Lippen zu berühren, schüttelte sie sich los und lachte unbekümmert. Ach, Stephen Holmes! Sie werden in den kommenden Jahren wenig Zeit für krankhafte Fragen haben: Ihre fröhliche Arbeit hat begonnen: keine selbstverzehrenden Träumereien mehr: Ihre Pausen stiller Zufriedenheit und Liebe werden selten und wohlverdient sein. Keine Trance-Verzückungen mehr für heute Nacht – möge der morgige Tag bringen, was er bringen wird.

„Du scheinst dein reineres Selbst nicht ganz perfekt zu finden?" sie verlangte. „Ich glaube, die blasse Haut schadet deinem künstlerischen Auge, oder die gefrorenen Augen – was ist das?"

Feuer aufgetaut , – etwas schaut mich halb nachgiebig und halb trotzig an, – das weißt du, du eitles Kind! Aber, Margret, nichts kann wieder gutmachen" –

Er hörte auf.

„Ja, hör auf. Das ist richtig, Stephen. Die Reue wird rührseliger, wenn sie in Worte gefasst wird", lacht er erneut über seinen verblüfften Blick.

Er nahm ihre Hand – eine taufrische, gesunde Hand – allein ihre Berührung bedeutete Tat und Leben.

„Was wäre, wenn ich dann sagen würde", sagte er ernst, „dass ich meinen Engel nicht für perfekt halte, ob die Schuld bei mir oder bei ihr liegt? Das Kind Margret mit ihren plötzlichen Tränen, ihrem Lachen und ihrer wütenden Hitze ist verschwunden, „ Ich habe sie getötet, glaube ich, sie ist schon vor langer Zeit verschwunden. Ich werde nicht an ihre Stelle diesen abgenutzten, blassen Geist setzen, der so kühle Kleidung trägt, als ob er von den Toten auferstanden wäre, und der allein dasteht, wie Geister es tun."

Sie stand ein wenig abseits, ihre großen braunen Augen blitzten vor Tränen. Es war eine so seltsame Freude, sich umsorgt zu fühlen, obwohl sie geglaubt hatte, alt und hart zu sein: Schon die bloßen Scherze machten ihre Jugend und ihr Glück für sie real. Holmes erkannte das mit seinem schnellen Fingerspitzengefühl. Er warf spielerisch einen purpurroten Schal um ihren weißen Hals.

Farbe und Licht erstrahlt : Ihre Wangen müssen einen inneren Glanz aufweisen, so wie Ihre es jetzt tun. Ich werde keine scharfen Kanten, keine Blässe, keine unsichere Erinnerung an Schmerz in ihrem Leben haben: Es soll ewiger Sommer sein.

Er lockerte ihr Haar, und es rollte über ihr helles, tränenüberströmtes Gesicht und glänzte im roten Feuerlicht wie ein Nebel aus gelbbraunem Gold.

„Ich brauche Wärme, Frische und Licht: Meine Frau soll sie mir bringen. Sie soll keine willensstarke Reformerin sein, die allein steht: eine souveräne Dame mit freundlichen Worten für die Welt, die ihre Hand nur dem Mann reicht, dem sie vertraut." und bewahrt ihr Herz und seine Geheimnisse für mich allein.

Sie schenkte ihm keine Beachtung, außer durch eine immer dunkler werdende Farbe ; Die Uhr wurde jedoch des langen Monologs überdrüssig und unterbrach mit einer asthmatischen Warnung die Zeit der Nacht.

„Es ist Mitternacht", sagte sie. „Du sollst jetzt gehen, Stephen Holmes, – schnell! bevor deine souveräne Dame wie Aschenputtel in Grau und gefrorene Augen verblasst!"

Als er gegangen war, kniete sie an ihrem Fenster nieder und erinnerte sich an die Nacht vor langer Zeit, – frei, um zu schluchzen und vor Freude zu weinen – ganz sicher, dass ihr Meister nicht vergessen hatte, auch das Gebet einer Frau zu hören und ihr die Wahrheit zu geben Arbeit, – ganz sicher, – nie wieder zu zweifeln. Da war eine dunkle, kräftige Gestalt, die die Straße auf und ab ging, die sie nicht sah. Es war da, als die Nacht vorbei war und der Morgen anbrach. Weihnachtsmorgen! er erinnerte sich – es bedeutete ihm jetzt etwas! Nie wieder ein obdachloser, einsamer Mann! Sie würden den Mann für schwach halten, wenn ich Ihnen sagen würde, wie das Wort „Heimat" von ihm Besitz ergriffen hat, wie er die ganze Nacht über seine Arbeit geplant hat: Der Erfolg steht bevor, aber seine Frau liegt ihm am Herzen, und das gemütliche Bauernhaus und der alte Schulmeister in der Bildmitte . Was für ein bescheidenes Luftschloss! Der Weihnachtsmorgen war sicherlich etwas für ihn. Doch als die Nacht verging, dachte er mit nutzloser Bitterkeit an die Jahre zurück, die er verschwendet hatte. Er wollte sich nicht von der Wahrheit abwenden, dass sein Leben mit der Kraft seines Körpers und seines Gehirns, Glück und Wachstum herbeizuführen, ein Misserfolg gewesen war. Ich glaube, in dieser Nacht kam ihm die Geschichte des verachteten Nazareners zum ersten Mal mit einer neuen Bedeutung in den Sinn: Einer, der kam, um diese zerbrochenen Lebensfragmente einzusammeln und sie mit seinem eigenen zu retten. Aber vage: Der Weihnachtstag war für ihn noch der Tag, an dem die Liebe auf die Welt kam. Er wusste, was das bedeutete. So beobachtete er den Tagesanbruch mit einem für ihn neuen Eifer. Er konnte Margrets Fenster sehen und ein schwaches Licht darin: Sie würde zweifellos wach sein und für ihn beten. Er dachte darüber nach. Würden Sie Holmes für schwach halten, wenn er irgendwann, von der Hand einer Frau geführt, den Glauben Fichtes aufgeben würde? Denken Sie an den Apostel der positiven Philosophen und sagen Sie nichts mehr. Er konnte sehen, wie im Morgengrauen ein flackerndes Licht durch die Halle lief. Er erinnerte sich noch gut an die Angewohnheit des alten Schulmeisters , an jeder Tür „Frohe Weihnachten" zu rufen Der alte

Mann rang seine Hände mit einem „Holloa! Willkommen zu Hause, Stephen, Junge!" und Mrs. Howth holte die Gläser mit Ananaskonfitüre heraus, die ihre Schwester ihr jedes Jahr aus Westindien schickte. Und dann – egal, was dann. Stephen Holmes war sehr verliebt, und dieser Weihnachtstag hatte ihm viel zu bieten. Doch mit einem ernsten Schatten auf seinem Gesicht beobachtete er die Morgendämmerung und zeigte, dass er die schreckliche Bedeutung dieses Tages begriff, der „Liebe in die Welt brachte". Durch die klare, frostige Nacht konnte er das leise Läuten entfernter Glocken hören, die die Luft erzittern ließen und leise und weit eilten, um die frohe Botschaft zu verkünden. Er bildete sich ein, dass die Morgendämmerung warm errötete , um die Geschichte zu hören – dass die Erde sich über ihre gefrorenen Tiefen freuen würde, wenn sie wahr wäre. Wenn es wahr wäre! – wenn diese Leidenschaft in seinem Herzen nur ein Teil einer allumfassenden Macht wäre, in deren klaren Tiefen die Welt vergeblich kämpfte! – wenn es wahr wäre, dass dieser Christus gekommen wäre, um uns diese Liebe klar zu machen! Dann würde die Freude des alten Schulmeisters, die Glocken, die dort die Stadt erweckten, und selbst die tiefe Zufriedenheit der armen Lois an diesem Tag eine Bedeutung haben – denn es würde, wie er wusste, ein dreimal glücklicher Tag für sie sein. Eine seltsame Geschichte, die vom Kind, das auf die Welt kommt – einfach! Er dachte daran und beobachtete mit seinen kalten, grauen Augen, wie der ganze frische Morgen es verriet: – es lag in der Luft; Ich dachte daran, wie sein Echo durch die ganze Welt schlich, wie unzählige Kinderstimmen es mit eifrigem Gelächter erzählten, wie selbst der unterste Sklave halb lächelte, als er aufwachte, als er dachte, es sei Weihnachtstag, der Tag, an dem Christus geboren wurde. Er konnte aus der Kirche auf dem Hügel hören, dass sie wieder das alte Lied der Engel sangen. War ihm das wichtig? War es ihm mit dem neuen Pochen in seinem Herzen egal, wer an diesem Tag geboren wurde? Es ist kein Lächeln auf seinem Gesicht, als er den Worten zuhört: „Ehre sei Gott in der Höhe und Friede auf Erden, Wohlgefallen an den Menschen." es beugt sich tiefer, nur tiefer. Aber in seinen seelenerleuchteten Augen sind warme Tränen und auf seinem abgenutzten Gesicht eine traurige und feierliche Freude.

KAPITEL XI.

Ich werde meine Geschichte jetzt beenden. Ich bezweifle nicht, dass es im alltäglichen Leben dieser Männer und Frauen lebendigere Phasen gibt: Liebe, so ergreifend wie der Schmerz in ihrer Freude; Verbrechen, schwach und übel und töricht, wie jedes Verbrechen; stille Selbstaufopferung: aber ich überlasse es dir, sie zu malen; Sie werden genug Farben in Ihrem eigenen Haus und Herzen finden.

Was den Weihnachtstag betrifft, brauchen weder Sie noch ich versuchen, diesem Thema gerecht zu werden: wie der alte Schulmeister geschäftig umherging, sein schmales Gesicht vor Begeisterung ganz heiß war und er murmelte: „Gott segne meine Seele!" – kaum erholte sich von der plötzlichen Freude, seinen alten Schüler vorzufinden, der auf ihn wartete, als er morgens hinunterging; wie er den ganzen Tag darauf bestand, von ihm und niemand anderem geführt zu werden, und bevor eine halbe Stunde unter feierlichen Versprechen der Geheimhaltung das große Projekt des Buches über Bertrand de Born anvertraut hatte; Wie leicht fand Mrs. Howth, dass ihr gastfreundliches Virginia-Blut angesichts des unerwarteten Frühstücksgastes strahlte, und wie sie sich mit dem bevorstehenden Abendessen, für das der Erfolg sicherer war, in selbstbewusstere Freude hineinversetzte; wie kalt es draußen war; wie Joel große Feuer anzündete und sich auf den Weg zu einem geheimnisvollen Auftrag machte, wobei er „andere Aufgaben zu erledigen hatte als Müßiggang und Blödsinn "; Wie der Tag zur Essenszeit zu einem Höhepunkt der Perfektion anstieg, wie Mrs. Howth fand, als der Truthahn köstlich braun gebraten wurde und der Plumpudding wie köstliches Gelee zitterte (heute ein christliches Abendessen, wenn wir ihn verhungern lassen). Rest des Jahres!). Sogar Dr. Knowles, der dem Schulmeister einen großen Blumenstrauß herausbrachte, war in ungewöhnlich guter Laune ; und Mr. Holmes, vor dem sie ein wenig Angst hatte, genoss alles mit so viel Begeisterung und war allen gegenüber so aufmerksam, außer Margret. Sie sprachen den ganzen Tag kaum miteinander; es ärgerte die alte Dame ziemlich; tatsächlich schimpfte sie draußen in der Speisekammer heftig mit dem Mädchen darüber, bis sie fast weinte. Allerdings hatte sie den ganzen Tag so ausgesehen.

Knowles war zutiefst verletzt, als er Holmes sah, und ahnte trotz all seiner guten Laune das Schlimmste . Es war eine bittere Enttäuschung, das Mädchen aufzugeben; denn abgesehen von der großartigen Arbeit liebte er sie auf eine ungehobelte Art und hasste Holmes. Er traf sie am Morgen allein; Doch als er sah, wie blass sie wurde, in Erwartung seines Ausbruchs, und wie sie schüchtern in das Zimmer blickte, in dem Stephen sich befand, gab er nach. Etwas in dem feuchten braunen Auge erinnerte ihn vielleicht an einen vergessenen Kindheitstraum; denn er seufzte scharf und fluchte nicht, wie er wollte. Alles, was er sagte, war, dass „Frauen Frauen sein werden und dass sie einen schlechteren Job hatte als das House of Refuge" – was sie auf seine schlechte Laune zurückführte, aber nur lachte und ihn zum Schweigen brachte Hände schütteln.

Lois und ihr Vater kamen im alten Karren stolz über die kahlen, schneebedeckten Hügel, ganz erleuchtet von allem, was sie an den Bauernhäusern auf der Straße gesehen hatten. Margret hatte für das kranke Mädchen am Küchenfeuer eine Unterkunft eingerichtet, aber alle kamen heraus, um mit ihr zu sprechen.

Was das Abendessen anbelangt, so war es die Essenz aller Weihnachtsessen: Dickens selbst, der Priester des genialen Tages, wäre zufrieden gewesen. Der alte Schulmeister und seine Frau hatten große und warme Herzen, um die ewigen Ehren eines Baronialschlosses zu erweisen; So wissen Sie vielleicht, wie das kleine Zimmer und die Gesichter um den gemütlichen Tisch strahlten und erhellten. Sogar Knowles begann zu denken, dass Holmes doch gar nicht so schlecht sein könnte, als er sich an das Huhn in der Mühle erinnerte und: „Nun, es war besser, von allen Menschen gut zu denken, arme Teufel!"

Leider gab es mitten während des Abendessens ein kurzes Gewitter. Knowles und Mr. Howth, in ihrem Bemühen, sich von antiken Streitthemen fernzuhalten, gerieten wie durch ein Wunder in die moderne Politik, und natürlich kam es zu einem schrecklichen Zusammenstoß, der Mrs. Howth ganz den Atem raubte: Es war in einem … vorbei Minute, und es war schwer zu sagen, wer am reuigsten war. Knowles war, wie Sie wissen, ein Schüler von Garrison, und der alte Schulmeister war ein Mann, der sich für die Rechte der Staaten einsetzte, wie man seinen Vorfahren entnehmen kann – und stand tatsächlich im Verdacht, an „ DeBow's Review" mitgewirkt zu haben . Ich kann genauso gut die ganze Wahrheit sagen und anerkennen, dass der alte Herr zum jetzigen Zeitpunkt der heißeste Sezessionist ist, den ich kenne. Wenn es dem Typ schadet, schreiben Sie es als blutiges Laster auf, oh Drucker Neuenglands!

Das Abendessen war danach vielleicht frischer und herzhafter. Dann ging Knowles zurück in die Stadt; und mitten am Nachmittag, als es dämmerte, fing Lois an, denn sie wusste, wie viele am Abend in ihre kleine Hütte kommen würden, um ihr frohe Weihnachten zu wünschen, obwohl es schon vorbei war. Sie stapelten Bettdecken und Decken im Wagen, und sie lag ganz gemütlich darauf, ihr vernarbtes Kindergesicht schaute unter einer großen Wollkapuze hervor , die Mrs. Howth ihr geschenkt hatte. Der alte Yare hielt Barney mit seinem Hut in der Hand und sah aus, als hätte er es verdient, gehängt zu werden, war aber sehr stolz auf die Freundlichkeit, die sie alle seinem Mädchen entgegenbrachten. Holmes gab ihm etwas Geld für ein Weihnachtsgeschenk und er nahm es eifrig entgegen. Aus irgendeinem unerklärlichen Grund standen sie lange im Schnee und sagten Lois Lebewohl; und vielleicht aus demselben Grund wollte sie nicht gehen, sah jeden ernst an, während sie lachte und rot und blass wurde, als sie ihnen antwortete, und küsste Mrs. Howths Hand, als sie sie ihr reichte. Als der Karren tatsächlich wegfuhr, sah sie zu, wie sie dort standen, bis sie außer Sichtweite war, und schwenkte ihr Taschentuch; und als die Straße den Hügel hinunterführte, legte sie sich hin und weinte leise vor sich hin.

Jetzt, da sie allein waren, versammelten sie sich eng um das Feuer, während der Tag draußen grau und kälter wurde – Margret an ihrem alten Platz am Knie ihres Vaters. Irgendein schwacher Instinkt hatte den alten Mann den ganzen Tag beunruhigt; Das tat es jetzt: Wann immer Margret sprach, hörte er gespannt zu und vergaß manchmal zu antworten, so sehr war er in Gedanken versunken. Schließlich legte er seine Hand auf ihren Kopf und flüsterte: „Was fehlt meinem kleinen Mädchen? “ Und dann schluchzte und weinte sein kleines Mädchen, wie es den ganzen Tag über bereit gewesen war, und küsste seine zitternde Hand, ging und versteckte sich am Hals ihrer Mutter und überließ es Stephen, alles für sie zu sagen. Und ich denke, Sie und ich sollten besser wegkommen.

Es war ganz dunkel, bevor sie mit dem Reden fertig waren – ganz dunkel; das Holzfeuer war zu einem großen, purpurroten Bett verkohlt; Der Tee stand, bis er kalt wurde, und niemand trank ihn.

Der alte Mann stand endlich auf und Holmes führte ihn in die Bibliothek, wo er jeden Abend rauchte. Er hielt Maggie, wie er sie nannte, lange Zeit in seinen Armen und rang Holmes die Hand. „Gott segne dich, Stephen!“ Er sagte: „Das ist ein sehr glücklicher Weihnachtstag für mich.“ Und doch, als er allein saß, liefen ihm beim Rauchen Tränen über das faltige Gesicht; und als seine Pfeife ausging, wusste er es nicht, sondern saß regungslos da. Mrs. Howth, die von dem Schock ziemlich verwirrt war, ging die Treppe hinauf und blieb dort lange Zeit. Als sie herunterkam, waren die blauen Augen der alten Dame zarter, wenn das möglich war, und ihr Gesicht sehr blass. Sie ging in die Bibliothek und fragte ihren Mann, ob sie das nicht vor zwei Jahren prophezeit hätte, und er antwortete, dass sie es tat, und nach einer Weile fragte sie sie, ob sie sich an den Grillabend bei Richter Clapp vor dreißig Jahren erinnere. Daraufhin errötete sie, dann ging sie zu ihm und küsste ihn. Sie hatte gehört, wie Joels Pferd klappernd an die Küchentür herankam, und kam daher zu dem Schluss, dass sie hinausgehen und ihn ausschimpfen würde. Unter den gegebenen Umständen wäre es eine Erleichterung.

Wenn Mrs. Howths Nerven schwach gewesen wären, hätte sie angesichts des Anblicks, der sich ihr bot, als sie in die Küche ging, vermutet, dass dieser frei geborene Diener plötzlich wahnsinnig geworden sei. Sein Abendessen, das auf der Kommode stand, wurde verächtlich in die Asche geworfen; Eine schreckliche Wolke brennenden Fetts schoss aus einem schmutzigen Pinttopf auf dem Tisch, und davor hüpfte und schnaubte Joel wie ein rothaariger Hottentot vor seinem Fetisch, steckte gelegentlich seine Finger in das ekelerregende Zeug und schnüffelte es aus, als ob es so wäre es waren Rosen. Er war Mitglied der Kirche: Er durfte NICHT betrunken sein? Als er sie sah, versuchte er, die strenge Würde wiederzugewinnen, die er normalerweise hatte, wenn es um Frauen ging, verfiel aber gelegentlich in ein Kichern, was die Wirkung zunichte machte.

„Wo bist du gewesen“, fragte sie streng, „und hast an diesem gesegneten Tag wie ein Heide das Land durchstreift? Und was hast du da verbrannt? Du beschämst das Haus und die Fremden darin.“

Joels gute Laune war selbst dagegen ein Beweis.

„Ich habe also irgendein Ziel erreicht. Sagen Sie es dem Meister nicht , das wird ihn heute Nacht durcheinander bringen. Warten Sie bis zum Morgen . Squire More wird sich selbst erklären, um es zu erklären .“

Er rieb sich mit den fettigen Fingern das Haar, während Mrs. Howths Augen in stummer Ratlosigkeit starrten.

für immer klarzumachen – „es ist Wasser: Nein, es ist kein Wasser: Es hat mich und Mester Howth irgendwann in Poke Run beunruhigt , auf dem Gipfel.“ ' 'T. Ich habe mir meinen Verdacht zu Herzen genommen , das hat er auch getan , aber bleib ruhig, gegenüber allen Frauen. Also bringe ich unbemerkt eine Flasche zu Squire More, und es ist Öl!“ – sprang auf ein wilder Indianer – „Gott sei Dank für seine Marcies , es ist Öl!“

„Nun, Joel“, sagte sie ruhig, „das ist ein sehr unangenehm riechendes Öl, muss ich sagen.“

„Gut, rette die Frau!“ „Sie ist ein geborenes Naturtalent! Hast du noch nie von einem Schacht gehört? Oder von Millionen Gallonen pro Tag? Es ist besser als eine Ranch in Kalifornien, sage ich dir. Vielleicht “, mitleidig, „das hast du nicht.“ Weißt du, dass Poke Run der Meister ist ?“

„Das tue ich auf jeden Fall. Aber ich verstehe nicht, was dieses grüne Grabenwasser für mich bedeutet. Und ich denke, Joel,“——

„Es geht mehr um die Rechte von dir und nicht um die Rechte aller deiner Staaten, wie ich es satt habe zu hören . Es sind Teppiche, ein Haarknoten , ein Stück Eisenbahnmaterial und etwas Farbe auf Margots Wangen – ihr habt es satt.“ Denken Sie am besten darüber nach! Das ist es, was es für Sie bedeutet! Ich werde selbst Bilanz ziehen. Ich bin froh, dass Gell von ihren Mühlen und ihren Teufelshäusern Ruhe finden wird – sie hat ein freches Fell Dutzend Frauen.

Er murmelte weiter, während er seinen Pint Pot und seine Flasche einsammelte:

„Ich werde meinen Tim bald aufs College schicken, wenn die Sache in Ordnung ist. Herr! Was für ein Anwalt wird dieser Junge abgeben!"

Mrs. Howths Gehirn war immer noch verwirrt.

„Sie sind zufriedener als bei Lincolns Wahl", bemerkte sie gelassen.

„Lincoln, verdammt noch mal!" Er brach aus und vergaß die Lehren von Herrn Clinche . „Nun, Mem, verwirre doch heute Nacht nicht das Gehirn des Herrn , sage ich. Ich werde mich ein wenig herumexperimentieren. "

Was er dementsprechend auch tat: Er schloss sich in der Räucherei ein, brannte das Gelände mit verschiedenen Leuchtern und hellwachen Fackeln nieder und verbrachte die ganze Nacht seinen teuflischen Orgien.

Mrs. Howth sagte es dem Meister nicht; Aus einem Grund: Es dauerte lange, bis eine so erstaunliche Idee in das Gehirn der guten Dame eindrang. und zum anderen: Ihr mütterliches Herz wurde von einer anderen Geschichte berührt als dieser Aladdin-Lampe von Joel, in der Petroleum brannte. Sie sah von ihrem Fenster aus zu, bis sie Holmes die vereiste Straße überqueren sah: Ich gestehe, der Gedanke, dass er ihr ihr Kind genommen hatte, war ein wenig bitter; aber das Gebet, das für sie beide erklang, ergriff das ganze Herz ihrer Frau.

Die Straße über den Hügeln war holprig; Der Wind, der Holmes beißend ins Gesicht schlug: Vielleicht würde das Leben, das auf ihn zukam, ein ebenso kalter Kampf sein, da er nicht nur die Armut überwinden musste, sondern auch sich selbst. Aber er ist ein starker Mann – kein Stärkerer tritt mit kühlem, entschlossenem Tritt auf; und heute Abend ist ein Schauer auf seinen Lippen, der noch nie zuvor dort geruht hat – ein Kuss, feucht und warm. Auch etwas, ein neuer Glaube regt sich in seinem Herzen, wie ein subtiles Atom aus reinem Feuer, das er fest umarmt – sein für immer. Keine Armut und kein Tod werden es jemals vertreiben. Vielleicht bewirtet er ahnungslos einen Engel.

Nach dieser Nacht verließ Lois ihre kleine Hütte nicht mehr. Die folgenden Tage waren wie ein langes Weihnachtsfest; denn ihre armen Nachbarn, schwarze und weiße, hatten untereinander eine Verschwörung und arbeiteten eifrig daran, sie ihr so erscheinen zu lassen. Es war leicht, diese letzten Tage für die einfache kleine Seele glücklich zu machen, die in ihrem eintönigen Leben immer jeden Funken Freude gesammelt, viel daraus gemacht und sich darüber gefreut hatte. Manchmal war sie verwirrt, als sie auf ihrer Holzbank am Feuer lag; Die Leute waren immer freundlich und kümmerten sich um sie, aber jetzt waren sie eifrig in ihrer Freundlichkeit, als ob die Zeit knapp wäre. Den Grund dafür verstand sie zunächst nicht; Sie wollte nicht sterben. Doch wenn es ihr wehtat, wusste es niemand, als es ihr endlich klar wurde; Es war nicht ihre Art, über Schmerz zu sprechen. Erst als sie von Tag zu Tag schwächer wurde, begann sie, ihr Haus auf eine, man könnte sagen, urige, fast komische Weise in Ordnung zu bringen und verschenkte alles, was sie besaß, bis hin zu ihren Schätzen an bunten Flaschen und Nadelbüchern Sie reparierte die Kleider ihres Vaters und legte sie in ihre Schubladen. Schließlich ließ sie Barney vom Land holen und schlich sich jeden Tag ans Fenster, um zu sehen, wie er gefüttert wurde, und zwitscherte zu ihm, woraufhin das arme alte Tier mit seinen trüben Augen aufblickte und versuchte, eine schwache Antwort zu wiehern. Kitts kam jeden Tag, um sie zu sehen, obwohl er nie viel sagte, wenn er dort war: Eines Tages schleppte er sein großes Exemplar der Venus del Pardo mit sich und ließ es zurück, weil er dachte, sie würde es sich gerne ansehen; Knowles nannte es Müll, als er kam. Der Doktor kam immer morgens; Er sagte ihr, er würde ihr eines Tages vorlesen und tat es danach immer, indem er seine Hornbrille aufsetzte und ihre alte Bibel dicht an sein raues, ängstliches Gesicht hielt. Er las vor allem aus dem Johannesevangelium. Sie hörte ihn lieber als alle anderen, selbst als Margret, deren Stimme so leise und zärtlich war: Etwas in der halbwilden Natur des Mannes ähnelte der des Kindes.

Als der Tag näher rückte, an dem sie gehen sollte, schien jede angenehme Kleinigkeit eine tiefere, feierliche Bedeutung zu bekommen. Eines Nachts kamen Jenny Balls und die alte Mrs. Polston herein .

Hochzeitskleid sehen , Lois", sagte die alte Frau und zog Jennys Umhang aus, „ da die Hochzeit morgen stattfinden sollte und wegen der Zählung verschoben wurde." von dir."

Lois sah es gern; Sie setzte sich auf, ihr Gesicht war ziemlich gerötet, um zu sehen, wie gut es passte, und strich Jennys weiches Haar unter dem Schleier zurück. Und Jenny, die ein warmherziges kleines Ding war, brach in einen Schluchzer aus und sagte, dass es alles ruinierte, wenn Lois weg war.

Muss deinen Schleier nicht durcheinander, Kind", sagte Mrs. Polston .

Aber Jenny weinte weiter und verbarg ihr Gesicht in Lois' dürrer Hand, bis Sam Polston hereinkam und sie still und schüchtern wurde. Das arme, deformierte Mädchen lag da und beobachtete sie, während sie redeten. Mit ihren blauen Augen und den feuchten rosa Wangen sah Jenny sehr hübsch aus; und es war eine männliche, ernste Liebe in Sams Gesicht, als es sich ihr zuwandte. Eine andere Liebe als alle, die sie je gekannt hatte: besser, dachte sie. Es war nicht zu ändern; aber es war besser.

Nachdem sie gegangen waren, lag sie noch lange still da, die Hand vor den Augen. Vergebe ihr! Auch sie war eine Frau. Ah, es kann sein, dass dort morgen mehr Unrecht wiedergutgemacht wird, als in Ihrer Theologie niedergelegt ist!

Und so kam es, dass, je näher sie diesem Morgen kam, das Gehirn des Mädchens klarer wurde – man könnte meinen, es kämpfte darum, die Last abzuschütteln, die ihm durch Blut, Laster oder Armut auferlegt worden war wieder zu sich selbst werden. Vielleicht hatte es sogar in ihrem fröhlichen, geduldigen Leben Stunden gegeben, in denen sie wusste, welches Unrecht ihr angetan worden war, und wusste, wie grausam die Welt ihr einen Strich durch die Rechnung gemacht hatte; Ihr sehr scharfer Einblick in alles, was schön oder hilfreich war, hat ihr möglicherweise ihr eigenes Missgeschick, die Lücke, die sie im Leben hinterlassen hatte, noch bitterer vor Augen geführt. Sie sah es jetzt nicht bitter. Der Tod ist ehrlich; Alles wurde ihr klar, als sie in das Tal des Schattens hinabstieg; Als sie zu dem Bewusstsein unterdrückter Kräfte und ungegebenen Glücks erwachte, erkannte sie, dass die Schuld weder bei ihr noch bei dem lag, der ihr das Los zugeteilt hatte; Er hatte ihr geholfen , es zu ertragen – und noch schlimmeres selbst ertragen. Sie sagte nicht ein einziges Mal: „Ich hätte es sein können“, sondern Tag für Tag, umso sicherer: „Ich werde es sein.“ Es gab keine Träne auf den heimeligen Gesichtern, die sich von ihrem Bett abwandten, keinen Farbtupfer in den Blumen, die sie ihr brachten, keinen Lichtschauer am ascheigen Himmel, der ihr nicht mehr Gewissheit über das machte, was kommen würde. Sie wurde liebevoller, je mehr sie sich von ihnen entfernte, die Berührung ihrer Hand wurde mitleiderregender, ihre Stimme wurde zärtlicher, wenn so etwas überhaupt möglich war – mit einem Ausdruck in ihren Augen, wie man ihn noch nie zuvor gesehen hatte. Der alte Yare machte Mrs. Polston eines Tages darauf aufmerksam .

„Mein Mädchen ist weit weg von uns“, sagte er schluchzend in der Küche, „mein Mädchen ist jetzt weit weg.“

Es war die letzte Nacht des Jahres, in der sie starb. Es ging ihr so viel besser, dass alle ganz fröhlich waren. Kitts ging weg, als es dunkel wurde, und sie befahl ihm, sich mit solch mütterlichem Dogmatismus die Kehle zuzuschneiden, dass alle über sie lachten; sie auch, mit den anderen.

„Ich werde Sie zu Neujahr anrufen“, sagte er und ging hinaus; und sie rief, dass sie ihn unbedingt erwarten sollte.

Sie schien so stark zu sein, dass Holmes und Mrs. Polston und Margret, die dort waren, nach Hause gingen; Außerdem sagte der alte Yare: „ Heute Nacht würde ich gerne allein auf mein Mädchen aufpassen , ef.“ „Du würdest mich lassen“ – denn sie hatten ihm vorher nicht vertraut. Aber Lois bat sie, nicht zu gehen, bis das alte Jahr vorbei war; also warteten sie unten.

Der alte Mann schlief ein und es war fast Mitternacht, als er mit einer kalten Berührung seiner Hand aufwachte.

„Es ist gekommen, Vater!“

Er zuckte mit einem Schrei zusammen, als er das neue Lächeln in ihren Augen sah, die seltsam still geworden waren.

„Ruf sie alle, schnell, Vater!“

Was auch immer das Geheimnis des Todes war, das ihr jetzt begegnete, ihr Herz klammerte sich an die alte Liebe, die ihr so lange treu geblieben war.

Er rührte sich nicht.

„Lass mich hev yoh zu mir selbst, Siehe, das ist das Letzte; Du bist alles, was ich hev ; lass mich hev Das bist du nicht zuletzt .

Es war eine bittere Enttäuschung, aber sie riss sich trotzdem auf, zu lächeln und ihm fröhlich zu sagen, ja. Du nennst es eine Kleinigkeit, nichts? Es kann sein; Dennoch glaube ich, dass die herabblickenden Engel Tränen in den Augen hatten, als sie die letzte Prüfung des selbstlosen, einsamen Herzens sahen, und hielten für sie eine andere Krone als diejenige, die eine Stadt erobert.

Der Feuerschein wurde wärmer und röter; Ihre Augen folgten ihm, als ob alles, was in ihrem Leben so hell und freundlich gewesen war, darin wiederkehrte. Sie legte ihre Hand auf ihren Vater und versuchte vergeblich, sein graues Haar zu glätten. Das Herz des alten Mannes schmerzte ihn für etwas, denn sein Schluchzen wurde lauter und er verließ sie für einen Moment; Dann sah sie sie alle, Gesichter, die ihr schon damals sehr am Herzen lagen. Sie lachte und nickte ihnen allen auf die alte kindliche Art zu; dann bewegten sich ihre Lippen. „Es ist genau richtig!“ sie versuchte zu sagen; aber die schwache Stimme würde nie wieder auf Erden sprechen.

„Die Nacht ist an der Reihe“, sagte Frau Polston feierlich; „Hebe ihren Kopf; das alte Jahr geht aus.“

Margret hob ihren Kopf und hielt ihn an ihre Brust. Sie konnte Schreie und Schluchzen hören; Die Gesichter, jetzt weiß und nass, drängten sich näher, verblassten aber langsam: Es war das alte Jahr, das zu Ende ging, das erschöpfte Jahr ihres Lebens. Holmes öffnete das Fenster: Der kalte Nachtwind wehte herein und trug Bruchstücke gebrochener Harmonie mit sich: ein fauler Musiker unten in der Stadt, der Fragmente einer alten, süßen Luft spielte, schwer von Liebe und Bedauern. Es mag ein Zufall gewesen sein; doch denken wir, dass es kein Zufall war; Lasst uns glauben, dass Er, der die Welt für sie warm und glücklich gemacht hatte, beschlossen hat, dass diese beste Stimme von allen sich zuletzt von ihr verabschieden sollte.

also in dieser Musik aus. Die trüben Augen, die bis zum Ende liebten, wanderten vage umher, während die Geräusche verklangen, als ob sie etwas verlieren würden – plötzlich alles verlieren würden. Sie seufzte, als die Uhr schlug, und dann breitete sich eine seltsame, vorher unbekannte Ruhe über ihr Gesicht aus; Ihre Augen blitzten vor lebendiger Freude auf. Margret bückte sich, um sie zu schließen und küsste die kalten Lider; und Tiger, der auf das Bett geklettert war, jammerte und kroch hinunter.

„Es ist das neue Jahr", sagte Holmes und senkte den Kopf.

Der Krüppel war tot; aber LOIS, frei, liebevoll und geliebt, zitterte aus ihrem Gefängnis an die Seite ihres Meisters im Morgen.

Ich kann Ihnen ihr Grab da draußen in den Hügeln zeigen – ein kurzes, verkümmertes Grab, wie das eines Kindes. Niemand geht dorthin, obwohl es viele Kamine gibt, wo sie sanft von „Lois" sprechen, als von etwas Heiligem und Teuerem: aber sie denken immer, dass sie nicht da ist; wie nach Hause gegangen; sogar der alte Yare blickt auf, wenn er von „meinem Mädchen" spricht. Doch da ich weiß, dass in Gottes gerechtem Universum nichts verloren geht oder die späte Erfüllung seiner Hoffnung scheitert, denke ich gerne an ihren armen Körper, der dort liegt: Ich glaube gerne, dass die große Mutter froh war, die Form zu erhalten, die sie sich gewünscht hat und das Verbrechen der Menschen vereitelt hatte, nahm ihr unhöfliches Kind wieder nach Hause, dem so grausam Unrecht getan worden war, und faltete es in ihrer warmen Brust mit zärtlicher, klopfender Liebe.

In den Wintermonaten gefiel mir der Gedanke, dass die abgenutzten Glieder, das alte, vernarbte Gesicht von Lois ruhten, schliefen, in frische Atome zerfielen, endlich mit einem seltsamen Bewusstsein erwachten und, als Gott durch die Sommersonne zustimmend lächelte, blitzte in einer wilden Ekstase der wahren Schönheit auf, die sie so sehr liebte. Ohne zu fragen, traurige Blässe düsterer Blätter oder grauer Flechten: pochend eher in antwortenden Purpurtönen, in Lilien, weiß, jubelnd in einem akkordischen Leben!

Doch noch mehr als das: Ich bemühe mich, mit dumpfem, erdigem Sinn nach ihrem befreiten Leben in diesem ernsten Land zu tasten, in dem Seelen vergessen, zu hungern oder zu hoffen, und lernen, zu sein. Und wenn man so nachdenkt, wird die Gewissheit ihres Ziels, ihrer Arbeit und ihrer Liebe dort mit einer neuen, lebenswichtigen Realität verbunden, neben der die Geschichte der noch lebenden Männer und Frauen, von denen ich Ihnen erzählt habe, vage und unvollständig wird, wie ungeahnte Rätsel. Ich habe keinen Schlüssel, um sie zu lösen – kein Recht, sie zu lösen.

Ist meine Geschichte nur ein tastender Hinweis? Es fehlt die entschiedene Wahrheit, ein gewisses Ja und Nein? Es gibt keinen Kanal der göttlichen Gerechtigkeit, der scheinbar Gutes und Böses unterscheidet? Ich weiß: Es ist eine Geschichte von heute. Das alte Jahr liegt noch vor uns. Der arme alte Knowles wird Ihnen sagen, dass es ein dunkler Tag ist; verwirrt über das unerklärliche Scheitern der Sache, für die sein altes Blut an diesem trüben Morgen in Ball's Bluff wie Wasser floss. Er zweifelt an allem in der Bitterkeit der vergeblichen Mühe; Manchmal zweifelt er sogar daran, ob die Flagge, für die er kämpft, nicht das Symbol eines gigantischen Egoismus ist: Wenn er den Unrechten seinen Feind nennt, hat er nicht eine bestimmte Wahrheit erfasst, um ihm Stärke zu verleihen. Ein dunkler Tag, erzählt er Ihnen: Die Luft ist erfüllt vom Schrei des Sklaven und von Nationen, die in die Dunkelheit hinabsteigen, ihre Botschaft wird nicht erzählt, ihre Arbeit wird rückgängig gemacht: dass der Helfer jetzt, wie vor achtzehn Jahrhunderten, unwillkommen in der Welt steht Welt; dass Ihr eigenes Herz sowie die große Menschheit eine beispiellose Gerechtigkeit verlangen. Spricht er alle Probleme von heute aus? Vandyke, der vielleicht höher steht oder zumindest mit einem hoffnungsvolleren Gehirn geboren wurde, würde Ihnen zeigen, wie durch die augenblickliche Gefahr der Stunde die ewige Prophezeiung des kommenden Inhalts klarer ins Blickfeld gerückt wird: Er könnte Ihnen sagen, dass die Unruhe Die Erde und der unerhörte Himmel sind instinktiv damit verbunden: dass das unerhörte Gebet deines eigenen Lebens es dir lehren sollte: dass er in dem Buch, in dem Gott es nicht verschmäht hat, die Geschichte Amerikas zu schreiben, die stille Gewissheit findet, dass die Rettung von die Welt ist nahe.

Wie die meisten Männer, die das Schicksal bestimmen, unterbricht Holmes seine kühle, langsame Arbeit nicht wegen ihrer Prophezeiung oder Klage. „Solche Männer werden das Zeitalter prägen ", sagt der alte Knowles traurig, denn er mag Holmes nicht: Er folgt ihm widerwillig, obwohl er ihn der Wahrheit näher kennt als ihn. „Geboren für die Meisterschaft, wie ich Ihnen vor langer Zeit sagte: Sie führen den Schlag aus, während ——. Ich habe die Theoretiker satt, Vertreter des abstrakten Rechts: Ihre Hamlets und Ihre Sewards , die den Anlass außer Acht lassen, bis die Umstände oder – Mobs treibe sie, wie sie wollen.

Aber Knowles' Knurren bleibt wie immer unbeachtet.

Was bedeutet das heute für Margret? Sie hat keine prophetische Einsicht, kümmert sich um nichts, fürchte ich: Die gewöhnlichen Dinge des Alltags zeigen für sie ihr altes Gesicht, lieb und real. Ihre Eile ist zu eifrig, um den Schmerz um sie herum zu lindern, die Berührung ihres Mannes ist zu stark und zärtlich, die Präsenz des Meisters an ihrer Seite ist zu real, als dass sie ihr Leben in Visionen verschwenden könnte. Etwas von Lois' lebendiger, universeller Sympathie ist in ihre enge, intensivere Natur eingeflossen ; durch seine eine Liebe mag es sein. Was ist morgen, bis es kommt? In diesem Moment erzittert die Abendluft in einem Purpur, dessen Farbton bisher noch kein Maler, noch kein Dichter verstanden hat; Kein stummes Gesicht geht auf der Straße an ihr vorbei, in dem eine menschliche Stimme nicht den Charme hätte, Liebe und Macht zu rufen: Der Helfer wartet noch in ihrer Nähe. Hier ist Arbeit, Leben: Das alte Jahr, das du verachtest, birgt Schönheit, Schmerz und Inhalt, die jedoch noch nicht gemeistert wurden: Überlassen wir es Margret, sie zu meistern.

Es befriedigt Sie nicht? Kinderseelen, wie Sie mir sagen, wie die von Lois, finden es möglicherweise ausreichend, keine Vergangenheit und keine Zukunft zu haben, die Arbeit jedes Augenblicks zu akzeptieren und es für nicht falsch zu halten, jeden Tropfen seiner Schönheit und Freude zu trinken: Wir, Wer klüger ist, lache über ihn. Es mag sein: Und doch sage ich euch, dass ihre Engel im neuen Jahr immer nur das Angesicht unseres Vaters erblicken.